KB081810

스웨덴식
전략적 사고

Strategic Thinking: The art of understanding and making changes
Copyright © 2021 Lennart Wittberg
All rights reserved.

Korean translation rights © 2021 by Yemmibooks
Korean translation rights arranged with Lennart Wittberg through J&El Consulting

이 책의 한국어판 저작권은 J&El Consulting을 통해 Lennart Wittberg와 독점 계약한 예미가 소유합니다.
저작권법에 의하여 한국 내에서 보호를 받는 저작물이므로 무단 전제와 복제를 금합니다.

복합적인 세상에 필요한 유연한 멘탈모델

스웨덴식 전략적 사고

초판 1쇄 발행 2021년 11월 22일

지은이 　레나르트 위트베이
옮긴이 　김지연
발행처 　예미
발행인 　박진희, 황부현
책임편집 　김재서
디자인 　김민정

출판등록 　2018년 5월 10일(제2018-000084호)

주소 　경기도 고양시 일산서구 중앙로 1568 하성프라자 601호
전화 　031)917-7279　　　**팩스** 031)918-3088
전자우편 　yemmibooks@naver.com

ⓒ레나르트 위트베이, 2021

ISBN 979-11-89877-63-7　03320

• 책값은 뒤표지에 있습니다.
• 이 책의 저작권은 저자에게 있습니다.
• 이 책의 내용의 전부 또는 일부를 사용하려면 반드시 저자와 출판사의 서면동의가 필요합니다.

복합적인 세상에 필요한 유연한 멘탈모델

스웨덴식 전략적 사고

레나르트 위트베이 지음
김지연 옮김

예미

서 문

전략가란 어떤 사람인가? 누구도 선뜻 대답하기가 어려울 것이다. 요즘에는 이런저런 분야에서 스스로 전략가라고 자처하는 사람들이 늘어나고 있다. 분명한 것은 전략가로서의 역량과 전략가라는 타이틀은 별개라는 것이다. 오히려 전략적으로 생각하는 사람이야말로 진정한 전략가라고 할 수 있다. 전략적으로 생각한다는 것은 자신의 관점을 바꾸어, 지금까지와는 진정으로 다른 관점에서 현상을 바라보는 것이다. 이는 끝이 없는 학습의 과정이고, 현재 나의 세계관이 틀릴 수도 있고, 쓸모없는 것일 수도 있다는 것을 깨닫는 일이다.

스웨덴에서 30여 년간 공직에 있으면서 나는 공공 영역을 개선하기 위해 노력해 왔다. 지금은 국세청을 떠나서 전략가이자 강연자로서 독립적인 활동을 하고 있다.

무엇보다도 조직을 바꾸고, 비즈니스 모델을 개선하는 전략가로서 나는 스웨덴 최대 규모의 공공 기관 중의 한 곳인 스웨덴 국세청에서 오랜 기간 근무하는 특권을 누렸다. 쉬운 일이 아니었다. 당시 나는 매뉴얼이나 특별한 비법을 찾기보다는 변화를 이해하고 성공적인 변화를 만드는 방법을 알고 싶었다. 초창기에는 나도 비즈니스 전략과 전략 기획을 다루는 책들을 뒤적거려 보았지만 별로 유용하지 않았다. 내가 보기에는 비즈니스 관련 서적은 어떻게 경쟁 상대보다 앞설 수 있는지에 대해서만 집중하고 있었고, 지나치게 단순화되고 융통성 없는 도구나 모델에 대한 내용만을 담고 있다. 당시 국가 공무원이었던 나는 다른 사람과 경쟁해서 이기는 데에는 별 관심이 없었다. 나의 관심사는 공공복지를 보다 윤택하게 하기 위한 개혁 프로젝트의 추진이었다.

공공 영역에서 일하면서 공공복지 시스템을 개선해 나가는 일에는 많은 복합적인 사안들이 서로 영향을 미칠 수밖에 없다. 탈세나 공공 의료 시스템 등에서 생겨나는 문제들은 사전에 상세하게 계획을 수립하거나 면밀하게 분석한다고 해서 해결될 일이 아니다. 그 이면에서 진행되는 상황의 역동성에 대한 보다 깊은 이해가 필요하다. 더불어 이러한 문제들을 해결해야 하는 조직들은 그 자체만으로 복합성을 갖고 있고 거기에서 근무하는 사람들은 그 이상의 복합성을 만들어낸다. 그러므로 그 이면에 숨겨진 역동성을 반드시 이해해야 한다.

나는 초창기에 기대한 만큼의 변화가 일어나지 않아 좌절감을 느껴야 했다. 최소한 현실 세상에서 그 안의 사람들과 나 사이에 발생한 문제들에 직면할 경우, 어떻게 전략적으로 생각할 것인지, 어떻게 하면 괜찮은 전략가가 될 수 있는지를 스스로 터득해야 했다. 그러한 문제에 부닥칠 때마다 나는 세상을 단순하게 평면적으로 바라보는 시각과 업무수행 방식에서 탈피하고 싶었다.

나는 철학, 심리학, 역사학 등 다른 학문 분야에서 답을 찾아보기 시작했다. 그러면서도 순수한 호기심 때문에 군사 전략가들에 관하여 공부했고, 비즈니스 전략가보다 오히려 이들로부터 전략적 사고에 대한 풍부한 통찰력을 얻을 수 있었다. 손무Sun Tzu:손자병법의 저자 - 옮긴이와 카를 폰 클라우제비츠Carl von Clausewitz:19세기 초 독일의 군인·군사 평론가 - 옮긴이는 정말 읽을 만한 가치가 있다. 특별히 그들은 전쟁 전략을 다루었기 때문에 나는 그들의 생각을 더 깊이 탐구하고 싶었다.

그러한 탐구는 시스템적인 사고와 복합적인 시스템에 관한 연구로 이어졌다. 어떤 시스템 내에서 생각하고, 그 시스템의 복합성을 이해하는 것은 나에게는 새로운 통찰로 가는 문을 여는 열쇠였다. 나에게 깊고 폭넓은 지식을 자유로운 사고와 결합하는 방법을 알려준 작가는 니콜라스 나심 탈레브Nicholas Nassim Taleb:레바논 태생의 미국 경영학자. 2007년에 출판된 저서 『블랙 스완』으로 유명하다. - 옮긴이이었다.

나는 여러 다양한 학문 영역을 두루 섭렵하며 학습했다. 내 생각으로는 서구식 사고는 아이디어와 개념을 지나치게 작은 단위로 쪼개고 분석해서 전체를 파악하려고 하는 데에만 초점을 둔다. 이에 반해 동양식 사고는 동일한 현상을 다양한 관점에서 바라볼 수 있다는 점을 분명히 이해하고 공동체나 전체에 더욱 중점을 둔다.

이러한 관찰을 통해 나는 스칸디나비아 스타일의 전략적 사고라는 것을 고민하기에 이르렀다. 이 사고가 갖는 특별함은 여러 가지 아이디어와 생각하는 방식을 적절히 조합한다는 것이다. 이른바 스웨덴

만의 독특한 삶의 태도인 '라곰Lagom'을 생각하는 방식에 적용하는 것이기도 하다. 라곰은 너무 과하지도 않고 너무 부족하지도 않은 알맞은 상태를 말한다. 사실 모든 것을 정확하게 설명해 주는 절대적인 사상이란 있을 수 없다. 모든 것들이 적절하게 어우러져 알맞은 상태를 만들어 낼 뿐이다. 스칸디나비아 스타일의 사고법은 지나치게 극단으로 흐르지 않은 채 여러 가지 다양한 관점들을 알맞게 적용하는 방식이라 할 수 있다.

전략은 책을 통해서도 많이 배울 수 있지만, 나에게 있어 전략이란 실제적인 경험과 이론적인 지식이 적절히 혼합된 것이다. 그리고 이를 바탕으로 계속 수정되어 새로운 통찰력을 얻게 되는 것이다.

스웨덴 국세청에 재직하는 동안, 나는 좋은 동료들과 함께한 조직이 완전히 새로운 이미지로 탈바꿈하는 기적을 이루어냈다. 세계 최대의 복지 국가라는 타이틀이 따라붙는 스웨덴에서 국세청은 정말 공포의 대상이었다. 최고 수준의 복지 국가를 이끌어 가는 에너지가 결국 스웨덴 국민들의 세금에서 나오는 것이었기에 국민들이 국세청을 결코 좋아할 수가 없었다. 그러나 이제 스웨덴 국세청은 국민들의 따가운 눈총을 받는 공포의 대상이 아니다. 국세청은 정말 국민들로부터 사랑받는 조직으로 변했다. 이를 위해서는 이면의 전략이 필요했다. 나는 그 전략을 만들어 낸 사람 중 하나였고, 그 자리에 있었던 것은 큰 영광이기도 했다. 많은 사람은 과세 당국이 인기를 얻는다는 것은 애당초 불가능하다고 입을 모아 말했고, 실제로 그렇게 믿었다. 내 지갑에서 돈을 빼내 가는 조직을 누가 좋아하겠는가? 그러나 모두가 불가능하다는 생각만 내놓는다면, 모든 것이 정말로 불가능해진다.

그러나 생각만 바꿔도 불가능은 가능으로 바뀐다. 우리는 실제로 생각을 전환하여 전략을 수립했고 거기에서 모든 변화가 시작되었다.

대부분의 국민들은 스웨덴이라는 복지 국가가 제대로 돌아가려면 세금이 필요하다는 데에는 동의한다. 단 거기에는 전제 조건이 있다. 바로 내가 과세 당국으로부터 존중을 받고, 내가 제대로 내는 만큼 다른 사람도 공평하게 세금을 내고 있다는 사실을 확인할 수만 있다면, 공동체에 기여하기 위해 세금을 내는 데 기꺼이 동참하고 싶다는 것이었다.

우리는 그 사실을 확인한 후, 먼저 과세 당국의 관점부터 바꾸기 시작했다. 납세자는 골치 아픈 대상이나 우리의 반대편에 서 있는 적이라는 생각을 버리고, 세금 제도라는 큰 틀에서 우리의 '고객'이라고 인식하기 시작한 것이다. (결국 세금이라는 돈을 지불하는 것은 납세자이다.) 여기에서 실로 대단한 변화가 시작되었다.

물론 쉬운 여정은 아니었다. 정말로 많은 시간이 소요되었고, 수많은 실수를 거듭했다. 하지만 실수들로부터 배운 것도 너무나 많았다. 그 과정에서 나는 생각하는 방식과 변화를 만들어내며 일을 하는 것이 무엇인지도 배우게 되었다. 변화라는 것은 단순히 한 가지 기술을 적용하여 갑자기 무엇을 만들어 내는 일이 아니라 사람들과 긴밀히 서로 소통하며 그들 각자의 태도와 관점을 바꾸는 것을 도와주는 과정이다.

내가 "이렇게 변합시다."라고 말한다고 당장 무슨 변화가 일어나지는 않는다. 내 역할은 내가 먼저 변하고, 이를 통해 다른 사람도 변화를 이루어 가는 것을 돕는 일이다. 그러나 종종 우리가 가진 자존심이나 내적 자아가 변화의 걸림돌이 되기도 한다. 이 책에서 내가 말하는 스칸디나비아 스타일의 전략적 사고는 또 하나의 개념인 '얀테의 법칙The law of Jante'과도 관련이 있다. 얀테의 법칙은 스웨덴 문화 전반에 뿌리 깊게 자리 잡은 개념으로 자의식이 과잉되어 자신을 지나치게 중요하게 여기거나 자랑하지 말아야 한다는 생각이다. 얀테의 법칙을 부정적으로 바라보는 사람들도 많지만, 이러한 사고방식이 스웨덴 사회 전반에 존재하는 것은 사실이다. 내가 전략적 사고에서 중요하게 생각하는 것은 바로 전략의 대상들이 속한 맥락이 중요하고 전체적인 맥락 속에서 그것들의 관계성을 따져 보아야 한다는 것이다. 얀테의 법칙을 기반으로 하는 전략적 사고는 우리 한 개인은 어떤 집단에 속한 한 부분이라는 것을 깨닫고, 우리와 사회와의 관계를 따져보고, 나에게만 유리하게 문제를 다루지 않는다는 것이다.

이 모든 과정은 개인적으로는 나 자신이 성장하는 길고 긴 여정이기도 했다. 점점 나이가 들면서 내가 지금보다 젊었을 때 얼마나 어리석었는지를 이해하게 되었다. 또 훗날 미래의 나도 현재의 내 모습을 바라보며 배움이 부족했음을 느끼기를 바란다. 반드시 그래야만 한다.

이 책은 나의 실제적인 경험과 다양한 주제에 대한 연구가 합쳐진 내용을 담고 있다. 전통적인 경영 서적은 아니지만, 내가 가장 치열하게 고민하고 성장할 무렵 가장 필요한 책을 써보려고 노력했던 결과물이다.

나는 전략적 사고의 개념과 세상에 영향력을 펼치는 사람이 되기 위해 세상을 어떻게 이해해야 하는지를 차분하게 말해주는 다소 보편적인 책을 쓰고 싶었다. 이 책은 자기 주변 상황을 이해하고 영향을 주고 싶어 하는 모든 이들을 위한 책이다. 조직이든, 더 넓은 사회이든, 아니면 훨씬 작은 단위이든 그것은 중요하지 않다. 각자 생각하는 방식을 찾아가는 여정은 어떤 것이든 위대하기 때문이다.

스웨덴 국세청에서 일어났던 구체적인 변화의 과정과 전략가로서의 내 경험은 동료와 공동 집필했던 다른 책에 잘 나와 있다. 그 책은 『스웨덴 국세청 성공 스토리』라는 이름으로 한국에서도 번역 출판되었다.

많은 사람들이 이 책이 출판되기 까지 지원과 조언을 아끼지 않았다. 마음 깊은 감사를 표하고 싶다. 그러나 나는 충분히 실수를 할 수 있는 사람이고, 그로 인해 발생하는 문제에 대한 책임도 전적으로 내가 감당할 몫이다.

레나르트 위트베이
2021년 6월 스웨덴 고틀란드에서

옮긴이의 글

스웨덴식 멘탈모델과
전략적 사고

내가 얀테의 법칙을 알게 된 것은 뜻밖에도 다 먹고 난 우유 팩을 분리수거 할 때였다.

우유 팩 겉에 쓰여 있던 광고카피가 눈에 띄었다. 우리말로는 '스웨덴 최고의 품질을 자랑하는 1등 우유' 정도로 해석되는 문구였다. 그 옆에는 금메달과 트로피 그림도 함께 그려져 있었다. 그때 상자를 이리저리 돌려보던 나를 보며 스웨덴 친구가 피식 웃으며 한마디 하였다. "이건 정말 스웨덴답지 않아." 나는 이렇게 처음으로 얀테의 법칙이라는 단어를 접하게 되었다.

내가 다른 사람보다 특별하다거나 훌륭하고 똑똑하다고 생각하지 말 것, 우월하다고 자만하지 말고, 더 많이 알고 있다고 착각하지 말 것, 나는 무엇이든지 다 잘할 것이라고 장담하지 말 것, 다른 사람을 가르치려 들지 말 것, 다른 사람을 함부로 비웃지 말고, 그들이 나에게 신경 쓴다고 생각하지 말 것.

스칸디나비아 사회 정서를 만들어내는 십계명과도 같은 얀테의 법칙을 한마디로 요약하면 자기중심적인 사고에서 벗어나 객관적으로 자신을 바라보고, 공동체 안의 다른 사람도 나와 동등하게 대하라는 것이다.

나는 '자존심 강하고, 개성 강한 북유럽 사람들이 설마 그럴까?' 싶었다. 자신을 자랑하고 싶은 것이 인간의 본성인데, 내가 굳이 말을 하지 않아도 나 잘난 것을 누가 좀 눈치껏 알아주면 좋겠다는 생각을 돌려 말하는 건지, 복지 국가가 다 알아서 해주니 안정 지향적으로 살라는 건지 정확히 이해되지 않았다.

그러나 스웨덴을 좀 더 경험하면서 '라곰'과 함께, 그때 그 친구의 말의 의미를 어렴풋이나마 알게 되었다. 공동체를 위한 스칸디나비아 스타일의 자기 절제와 겸손함이라고 정의를 내리면 어느 정도 맞지 않을까? 물론 얀테의 법칙이 밑바탕에 깔린 사회 분위기 탓에 개인의 성취 욕구나 의욕이 저하되고, 오히려 자신감을 떨어뜨린다는 회의적인 시선도 있다.

사회적인 성공이나 명예를 얻어도, 과시하거나 대놓고 드러내지 못하게 만드는 분위기가 지배하는 것은 스웨덴이 너무 두드러지지도 않고, 뒤처지지도 않은 적당한 상태인 '라곰'을 지향하기 때문이기도 하다. 개인뿐만 아니라 사회 시스템 전반에도 완벽주의는 금기시된다. 라곰의 상태로 '현재'를 충실히 살고 누리는 일만 중요할 뿐이다.

북유럽 사람들이 스스로 과장하지 않고, 뭔가를 잘 드러내지 않아서 폐쇄적이라고 하지만, 다른 한편으로는 묵묵히 자기만의 색깔을 지키며 무던하고 꾸준하게 일상을 유지하는 것은 평등과 복지 강국 스웨덴 사회를 지탱하는 힘이기도 하다.

그래서인지 스웨덴 사람들은 똑똑한 지식인이나 엘리트에 대한 무조건적인 선망이 없고, 또 각 분야의 전문가라는 사람들이 하는 말을 맹신하거나 그들에게 무한한 존경을 보내는 경우도 거의 없다. 남이 찾아주는 정답을 받기보다는 원래 내가 가지고 있던 것에 집중하고, 내가 직접 새로운 것을 찾아내려는 고집도 있다.

그래서인지 스웨덴 사회에는 세련된 세계 최대의 복지 국가 이미지 이면에 가족, 학교, 친척, 출신지, 가족 공동체 등 전통적인 관계성을 일상에서 너무나 중요하게 생각하는 인식이 있다. 이런 사회 분위기를 알고 나면 이 책이 말하는 전략적 사고의 기본 배경과 사고의 바탕이 무엇인지 어느 정도 느낌이 올 것이다.

이 책의 저자는 세계 최고의 복지 시스템을 자랑하는 스칸디나비아의 강국 스웨덴 출신의 전략가이다. 스웨덴이라는 나라가 우리에게 아주 낯선 곳은 아니지만, 이런 종류의 공공 및 경영 전략에 대해 책으로 접할 기회는 많지 않을 것이다.

이 책은 우리가 그간 접했던 전략 관련 서적과도 분위기가 사뭇 다르다. 독자들은 책의 중반부를 넘어가도 '전략적 사고는 이것이다.'라는 명쾌한 답이 나오지 않아 고개를 갸우뚱하게 될지도 모른다.

이 책에서 말하는 전략적 사고는 무엇일까?

세상은 한 치 앞도 예상 못 하는 일투성이다. 내 뜻대로, 계획한 대로 되는 일은 하나도 없다. 지진이 일어나지 않는 동안에도 지각판은 계속 움직임을 만들듯, 세상은 우리 눈에는 보이지 않아도 쉬지 않고 계속 변화하는 역동성을 가지고 있다. 세상은 평면으로 그릴 수 없는 것들로 가득 차 있다. 어떤 일도 우연히 일어나지 않는다. 주변의 많은 일은 복잡하고, 서로 무관한 듯 보여도 이곳과 저곳, 과거와 현재, 그리고 미래가 어떻게든 관계를 짓고 얽혀 있다.

이런 세상 속에서 우리는 어떤 전략으로 살아가야 할까? 성공하는 전략이란 무엇일까? 전략적 사고의 관건은 무엇일까? 여기에 관한 직접적인 대답은 없다.

이 책은 시작부터 끝까지 우리가 그동안 알고 있던 전략이라는 단어를 새로운 시각으로 바라보도록 인도한다. 우리는 전략을 생존이나 경쟁을 위해서 따라야 할 행동 패턴과 규칙, 생각 혹은 계획 정도로 알고 있다. 경영, 사업, 마케팅, 군사, 인간관계 등 다양한 인간의 영역에서 생존전략, 경쟁전략, 비즈니스 전략 등 여러 가지 이름으로 변신하며 이 세상에서 살아남기 위해 터득해야 할 비법 정도로 여겨진다. 하지만 시시각각 변하고 달라지는 세상에서 모든 것을 관통하는 유일무이한 전략을 만든다는 것은 불가능하다.

오히려 저자는 전략을 만들어내고 전략인 사고를 하는데 필요한 간단한 규칙이나 지름길은 없다고 단호하게 말한다. 그러면서 나만이 가진 멘탈모델을 계속 발전시키고 수정해가는 과정에서 누구나 전략적 사고를 할 수 있다고 이야기를 이끌어간다.

이 책은 '전략은 이렇게 세워라.', '전략은 이런 것이다.'라고 가르쳐 주는 대신 당신이 직접 전략적 사고를 하는 전략가가 되라고 말한다. 유명한 전문가나 전략가라 할지라도 미래를 진단하고 예측하는 데에 보통 사람보다 못할 수도 있기 때문이다. 이른바 전문가라고 해서 남들보다 대단히 특별한 게 아니며, 저자 자신도 전략가가 되었으니 글을 읽는 독자들도 못 할 것이 없다고 말한다. 언뜻 생각하면 무책임하게 들리지만 이러한 사고는 앞에서 말한 얀테의 법칙의 영향이 크다. 사실 저자는 자신이 창조적으로 고안해 낸 자기만의 전략을 소개하지 않는다. 대신에 작가가 사실적인 지식에 근거한 멘탈모델을 갖고 전략적인 사고를 하도록 도와준 다양한 이론들과 사례들이 소개된다. 그러면서 독자들에게도 스스로 학습하고 노력해서 '전략적 사고'를 하고 '나만의 전략'을 만들어야 한다고 말한다.

이 책은 전문가의 비법을 전수해 주는 대신 세상과 나의 관계성을 거듭 강조하며, 오히려 누구나 전략가가 될 수 있다고 격려해주는 책이다.

저자는 눈에 보이는 조직이 시스템만 좋으면 각 역할대로 제 기능을 하듯이 우리 개인도 복합적인 세상에서 전략을 짜고 살아가기 위해선 시스템이 필요하다고 말한다.

자연과학에는 아주 작은 부분이 전체의 형상을 반복하고, 그 부분의 모습을 통해 수많은 부분이 모인 전체를 예측할 수 있다는 프랙탈 이론이라는 것이 있다. 프랙탈 이론을 일상에 적용하자면, 나뭇가지 하나하나가 나무 전체의 축소판과 같은 모양을 띠고 있어 나무 전체의 크기와 모양을 가늠하게 해 주듯이, 세상의 전체적인 흐름을 알기 위해서 나의 머리 안에 작은 세상을 꾸려 놓고, 세상을 바라보고 판단할 수 있는 머릿속 지도가 필요하다. 그것이 바로 멘탈모델이라는 시스템이다.

애당초 우리가 세상의 모든 분야를 다 섭렵하기란 불가능하기 때문이다. 우리에게 그런 시스템조차 없다면, 주변의 수많은 정보와 우리가 생각해 낼 수 있는 모든 행동 옵션들로 인해 우리의 판단력은 마비되어 버릴 것이다. 그러므로 우리에겐 상황을 질서 있게 설명해 줄 수 있는 간단한 그림들이나 상상력, 가정, 그리고 이야기가 필요하다.

이렇게 멘탈모델이라는 시스템을 머릿속에 만들고 난 후에는 내 주변과 세상이 돌아가는 모습을 끊임없이 관찰하며, 새로운 지식과 생각, 정보, 그리고 경험 등 외부의 자극을 통해 멘탈모델을 업그레이드해야 한다. 변화무쌍한 세상에서 정신 차리고 전략적인 사고를 하고 살려면 말이다. 다음으로 필요한 것은 열린 마음과 자세이다. 내가 가진 분류 체계에 갇혀서 다른 사람의 멘탈모델을 판단해서도 안 되기 때문이다.

결론을 말하면 전략적 사고는 내 머리 안에 '멘탈모델'이라는 사고 시스템을 만들고, 이것을 주변 상황에 따라 바꾸고 수정하면서 세상을 판단하는 모든 과정을 말한다. 단순함과 하루하루의 성실함, 그리고 부단한 노력만이 탁월한 전략가를 만든다. 누구라도 전략가가 될 수 있다는 말이다.

모든 것의 중심에는 '끊임없이 생각하는 나'만이 존재할 뿐이다. 내가 변하면 주변이 변하고, 영향을 미칠 수도 있다. 그 변화의 증거가 이 책을 통해 잘 설명되어 있다. 스웨덴처럼 겉으로 보기엔 과하게 무언가를 하지 않는 것으로 보여도 전략적으로 사고하는 개인들이 모여 제대로 돌아가는 사회가 있다면, 그들의 사고법을 한 번쯤은 호기심을 가지고 들여다보고 배워서 적용해 보는 것도 좋을 것이다. 분명한 것은 사람 사는 모습은 어디서나 비슷하고 본질도 같다는 점이다.

어느 사회이든 완벽하게 투명하고 평등한 사회란 없을 것이다. '사람은 누구나 제대로 대접받고 싶어 한다'는 기본 가치에서 출발해 변하는 시대 흐름에 맞는 프랙탈을 만들고, 막강한 권력 기관인 국세청 내부의 멘탈모델을 개선하여 국민에게 사랑받는 최고의 서비스 기관으로 만들어 낸 스웨덴 전략가의 이야기는 한국 독자들에게도 신선하게 다가가 갈 것이다.

목차

전략적 사고란 무엇인가? • 23

역동적 사고 • 66

복합적인 세상에 필요한 전략적 사고 · 225

전략적 사고란 무엇인가?

불과 몇 단계만 거치면 당신을 엄청난 부자로 만들어주고 성공하게 해주는 방법을 알고 싶은가? 조금만 노력하면 어떤 불가능한 문제라도 다 해결해주는 방법을 알고 싶은가? 안타깝지만 그런 방법은 이 세상에 없다. 물론 희소식도 있다. 누구나 이해력을 향상할 수 있는 사고방식을 배울 수 있다. 그렇게 된다면, 문제 해결이 더 쉬워지고 새로운 변화도 만들어 낼 수 있게 된다.

아마도 당신은 세상과 당신이 속한 조직, 그리고 인생 속에서 일어나는 현상들이 궁금할 것이다. 조직이나 인생을 더 잘 이해한 사람일수록 더 큰 영향력을 미칠 수 있다. 그러나 모든 문제에 대한 답을 주는 마법의 공식은 없다. 문제에 대한 나만의 해법을 쉽게 찾을 수 있는지는 당신의 사고방식과 주변 세상과의 소통에 달려 있다. 이것이 바로 내가 '전략적 사고'라고 말하는 기술이다.

이 기술의 핵심은 이해하려는 태도이다. 기본 원칙은 사물을 있는 그대로 보는 것이다. 누구도 완벽하게 해내기 어려운 일이기에 끊임없는 노력이 요구된다. 언제나 새로운 아이디어에 열린 자세를 갖고, 사물과 현상을 새로운 시각으로 바라봐야 한다. 비판적으로 사고하되 동시에 나도 한계와 편견이 있다는 사실 앞에서 겸손해져야 한다.

사물을 있는 그대로 본다는 의미는 앞서 말한 대로 내가 가진 문제를 쉽게 해결해주는 방법은 없다는 사실을 인정하는 것이다. 우리에게 손쉬운 해결책이 있다고 말해주는 사람이 있다면, 그는 정말 제대로 아는 게 없거나 정직하지 않은 사람이다.

그런 해결책이 존재할 수 없는 이유는 세상은 다채롭고 복합적이며 언제나 변화무쌍하기 때문이다. 만일 우리가 사는 세상이 변하지 않는 상태로 고정되어 있다고 가정하면 이야기가 다를 수도 있다. 하지만 실제 세상은 그 반대이다.

단순히 하라는 대로 하기만 하면 어떤 것이든 가능할 것이라는 생각에 미혹되기도 한다. 우리는 이런 것을 그냥 믿어버리고 싶기 때문에 믿는다. 좋은 품질의 샴푸나 자동차를 구입한다고 해서 갑자기 아름다워지거나, 부자가 되고, 유명해질 수 없다는 사실을 우리는 누구보다 잘 알고 있다. 하지만 광고들은 이런 것들의 인과관계를 단순히 설정하여 우리를 속이려고 한다. "A를 하세요. 그러면 B를 얻게 될 것입니다." 우리의 두뇌는 이런 단순한 논리의 전개를 선호한다. 우리가 거기서 잠시 멈추고 다시 한번 생각하지 않으면, 부자가 되거나 혹은 아름다워지거나 유명해지는 것은 고사하고 샴푸와 자동차 구매에 돈만 쓰고 끝날 수도 있다.

이 책은 전략적인 사고법이 무엇인지 설명해주고, 전략적 사고를 가능하게 하는 방법을 알려 줄 것이다. 그뿐만 아니라 당신은 다음 질문들에 대한 가능한 답을 발견하데 도움이 될 사례들을 이 책에서 보게 될 것이다.

- 왜 우리 인간은 협력을 충분히 잘할 수 있으면서도, 우리와 같지 않은 누군가를 나쁘게 대하는 것일까?
- 대부분의 도시는 영원하다 할 정도로 수명이 길어 보이는 반면, 대부분의 기업은 기껏해야 수십 년을 넘기기 힘든 이유를 생각해 본 적이 있는가?
- 왜 사람은 죽어가고 사회 조직들도 사라질까?
- 유럽의 식민지 개척자들로 인해 엄청난 규모의 원주민들이 질병으로 사망했지만, 왜 그 반대의 상황은 일어나지 않을까?
- 오늘날 세계에서는 민족주의와 포퓰리즘이 확산되면서 무슨 일이 벌어지고 있을까?
- 유명하다는 미래예측가들이 무명의 인사들보다 미래를 더 정확히 예측하지 못하는 경우가 있다. 왜 그럴까?

정지해 있는 것 같은 한 부분에 초점을 맞추는 대신, 전체와 동향을 파악하다 보면, 앞선 질문들뿐만 아니라 여러 가지 다른 질문들에 대한 이해도 깊어지게 된다.

전략적으로 생각하고, 이해하고, 변화를 만들어 낸다는 것은 맥락을 파악하고 현상에서 드러나는 일정한 패턴을 관찰하고, 시간이 흐르면서 그 패턴이 어떤 모습으로 변화해 가는지 이해하는 일이다. 어떤 현상은 더 거대한 패턴의 한 부분을 이루기도 하고, 또 어떤 경우는 일시적으로 나타나는 예외현상일 경우이거나 본질을 흐리는 이상현상일 때도 있다. 이들을 서로 구별해 내려면 시간과 공간에서 한 발 뒤로 물러서야 한다. 좀 더 오랜 시간을 두고 전체를 관조하면 경향성이 뚜렷하게 보인다.

지진은 인간과 동물에게 처참한 결과를 가져다 주는 자연 현상이다. 일시적으로 나타나는 예외적 현상이 아니고 거대한 패턴의 일부이다. 세계 지도는 계속 새롭게 그려지고 있다. 지각판은 끊임없이 움직이고 있지만, 그 속도는 아주 느리다. 지금 내가 있는 곳에서 일어나는 가장 쉽게 눈에 띄는 극적인 현상에만 집중하면, 장기적인 변화를 놓치기 쉽다. 일정한 패턴을 형성하고 개별 현상에 관한 중요한 정보를 제공하는 변화를 이해하지 못하면, 우리는 근거 없는 가정과 추측을 쉽게 받아들이게 된다. 우리 인간이 초자연적인 존재의 반감을 살만한 행동을 했기 때문에 지진이 일어났다고 생각할 수도 있다.

보통 우리의 가정과 추측은 세상이 단순하고 일차원적인 관계로 구성되어 있다는 생각에서 출발한다. 구체적인 사건들 사이에 명확한 관련성이 있다고 상상하기 쉽다. 우리는 복합적이고 애매모호한 것들을 아주 단순하고 이해 가능한 수준으로 바꾸어 생각하려고 한다. 자연스럽고 바람직한 욕구이기는 하나 그러다가 길을 잃게 된다. 정말 제대로 이해하고 싶다면 이해하고자 하는 진정한 노력과 의지가 필요하다. 그리고 특히나 복합적인 세상에서 변화를 창조해 내고, 만들어

내며, 그 일부가 되기도 하는 우리 인간을 이해해야 한다.

복합적인 존재인 인간이 모여 사는 인간 사회는 복합적일 수밖에 없다. 우리 인간은 대개는 합리적이고 현명한 존재들이다. 우리는 환경 문제에 관심이 많기 때문에 분리수거를 한다. 극소수의 사람만이 물건을 훔친다. 우리는 발각될 위험이 낮을지라도 그런 짓을 하지 않는다.

반면, 우리는 잘 알면서도 사려 깊지 못한 행동을 하는 경우가 있고 어리석은 짓도 쉽게 한다. 자제해야 하는 것을 알면서도 과자를 하나 더 집어 먹고, 속도를 내는 것이 다른 사람에게 상해를 입힐 수 있다는 것을 알면서도 여러 차례 속도위반을 한다. 이성적이거나 비이성적인 느낌을 동시에 가지고 있다. 우리는 존재하지 않는 것들, 아직 실제로 일어나지 않은 현상들도 상상해 볼 수 있는 독특한 능력을 갖추고 있다. 인간의 뇌는 이 모든 것을 가능하게 한다.

우리의 뇌는 시냅스라고 불리는 신경 접합부를 통해 서로 교류하는 수많은 신경세포로 구성되어 있다. 신경세포와 신경 접합부는 흡사 공항들이 항로들로 연결되어 거대한 하나의 네트워크를 만들어 내는 것과 유사하다. 수천 개의 공항과 연결된 거대한 허브 공항을 상상해보라. 이들은 계속 이런 형태로 다른 공항들과 맞물려 연결을 이루어 간다. 하나의 세계를 수천억 개의 공항이라고 생각한다면, 바로 우리 뇌 안의 신경세포들도 이 정도 규모의 네트워크를 구성하며 작동하고 있다는 것이다.

이러한 뇌 구조로 인해 우리는 비로소 복합적인 개인이 되었다. 70억 이상의 사람들이 서로 교류하며 거대한 네트워크를 만들어 왔다. 전 세계의 인구는 뇌의 신경세포 수보다 적다. 우리가 평균적으로 관계를 맺고 살아가는 사람의 수는 각 신경세포에 연결된 시냅스의 수보다 적다. 인간 네트워크에서 행위자 수와 접촉 빈도가 부족한 것은 인간의 행위가 신경세포의 활동보다 훨씬 더 다양하다는 사실만으로도 충분히 보충되고도 남는다. 우리 인간은 항상 새로운 것을 갈망하고 다른 사람의 행동을 보며 모방하고 응용하여 신기술을 만들어낸다. 이렇게 해서 인간의 행위는 복합적인 세계를 만들어낸다.

복합적이고 활발하게 움직이는 역동적인 관계들은 일차원적이지 않으며, 꾸준한 변화와 흐름을 만들어 낸다. 그러므로 이러한 관계들을 이해하는 일은 어려워서, 쉽게 추상적이라고 치부되기 마련이다. 우리는 세계를 단순하거나 혹은 복잡하다고만 생각한다. 물론 세계는 복잡하기도 하고 복합적이기도 하다. 그러나 대개는 복합적이다. 복합적인 것과 복잡한 것을 구분해 그 차이를 이해하는 것은 전략적 사고를 위한 출발점이다.

복잡한 것은 설사 그것이 어렵다 할지라도 어느 정도는 정리가 가능하다. 교량을 생각해보자. 대규모의 교량을 건설하는 데는 상당한 기술이 요구된다. 교량은 안정적이고 견고하며 고정된 구조물이다. 교량은 복합적인 것이 아니라 복잡한 것이다.

복합성은 이와 같은 방식으로 설명이 되지 않는 개념이다. 복합성이란 상호작용을 통하여 어떠한 패턴을 형성하는 각기 다른 여러 부분으로 시스템을 구성하는 것을 말한다. 복합 시스템의 하나의 사례로 열대 우림을 생각할 수 있다. 날씨는 살아있는 유기체가 통제하는 것이 아니다. 전적으로 자연법칙을 따르기는 하지만 복합적이다. 이러한 복합성 때문에 아무리 합리적인 이론을 적용해도 몇 주 후의 날씨를 예측하기는 어렵다.

복잡한 사물은 각각의 부분들을 연구함으로써 이해할 수 있다. 다리의 수많은 기둥은 각각의 고유한 기능을 가지고 있고, 기둥 하나하나에 가해지는 하중을 따로 계산할 수 있다. 하지만 날씨라는 복합시스템은 전체를 공기, 물, 열기와 냉기 등으로 분리한다고 해서 이해할 수 없다. 대신 전체적인 그림과 내부에서 작용하는 역학관계를 이해할 필요가 있다.

복합적인 것을 복잡한 것으로 이해하려고 하는 사람들은 상당한 어려움에 직면한다. 이론적으로는 수천억 개의 신경세포가 각각 수천 개의 다른 신경세포와 연결된 모습을 그리는 것은 가능하다. 하지만 그런다고 해서 뇌를 이해했다고 할 수 있을까?

복합성을 이해하기 위해서 우선 사물의 복합성을 있는 그대로 인정하고 받아들여야 한다. 그러면 복합적인 대상이 비교적 단순하게 보이기 시작한다.

이것은 무엇보다도 전략적 사고가 하나의 기본 아이디어 또는 하나의 기본 개념으로 요약될 수 없다는 뜻이기도 하다. 전략적 사고를 하는 목적은 활발하게 움직이는 관계들이 이루어 내는 복합적인 세상을 이해하고, 영향을 주기 위해서이다. 그러므로 우리의 사고도 여기에 발맞추어 움직여야 한다. 전략적 사고를 여러 구성 요소만으로 이해하는 것은 불가능하다. 대신 전체를 이해하려고 노력해야 한다. 다음 장들에서는 몇 가지 관점에서 전략적 사고를 조명해보고 점차 분명하고 완성된 그림을 그려나갈 것이다.

손자병법에 나타난 전략

손무는 기원전 500년경 실존했던 중국의 장군이자 전략가이다. 그는 오늘날까지 수많은 사람이 읽고 인용하는 책인 『손자병법』의 저자로 알려져 있다. 이 책은 영화로도 제작되었고, 영화 <월 스트리트 Wall Street >에서 마이클 더글라스Michael Douglas가 열연한 탐욕스러운 증권 중개인 고든 게코Gordon Gekko는 자신의 전략을 정당화하기 위해 바로 손자병법을 인용했다. 이 영화는 전략적 사고의 중요성을 이야기한다. 이 영화를 통해 손무는 더욱 널리 알려졌지만, 정작 사람에게 그의 주장을 잘못 알린 측면이 있다. 손무는 전쟁을 지지하지 않았다. 오히려 그는 압도적인 힘으로 누르는 승리가 아닌 지략으로 이기는 승리를 강조했다. 그는 많은 전투에서 이기는 것을 성공의 기준으로 두지 않았다. 오히려 반대로 싸우지 않고 승리하는 것이야말로 탁월한 역량을 입증하는 것이라고 강조했다.

손무에 따르면, 성공의 열쇠는 바로 지식Knowledge이다. 그와 관련해 자주 인용되는 문구도 바로 그런 맥락을 담고 있다. "적을 알고 나를 알면 백 번 싸워도 위태로운 것이 없으나, 적을 모르고 나를 알면 승과 패를 주고받을 것이며, 적을 모르는 상황에서 나조차도 모르면 모든 싸움에서 위태롭다."

비록 손무는 전투에 관해 언급은 했지만, 그의 말을 폭넓게 해석하면, 지식이 없다면 우리는 사물을 있는 그대로 이해할 수도 없고 인식할 수도 없다는 뜻으로 풀이된다. 우리는 자기 자신을 아는 지식과 내가 관심을 갖고 변화시키고자 하는 대상에 대한 지식을 모두 가져야 한다.

지식은 우리가 생각하는 방식에 어떤 형태로든 영향을 미치고, 우리의 생각하는 방식은 다시 우리의 지식에 영향을 준다. 새로운 지식은 생각하는 방식을 바꾸고, 지식을 보는 방식도 바꾸고, 지식의 필요성도 깨닫게 한다. 우리의 생각하는 방식과 지식 사이에는 끊임없는 상호작용이 있다. 지식과 생각하는 방식의 상호작용이 어떻게 펼쳐져 왔는지를 살펴보기 위한 역사적 흐름으로의 여정을 이제 시작해보자.

지식을 바라보는 인식의 변화

세계와 지식을 바라보는 우리의 인식은 계속 변하고 있다

서양의 사고방식은 소크라테스Socrates, 플라톤Plato, 아리스토텔레스Aristoteles와 같은 고대 철학자들로부터 많은 영향을 받았다. 세 명의 거장들은 기원전 469~322년 사이의 거의 같은 시기를 살았다. 무엇보다도 아리스토텔레스는 지구를 우주의 중심으로 보는 지구 중심적 세계관을 옹호한 것으로 유명하다. 이 세계관은 중세 시대 전체를 지배한 관념이었다.

중세 시대에는 요즘보다 세계를 이해하기가 훨씬 쉬웠다. 모든 지식과 지혜는 종교 문서와 아리스토텔레스와 같은 몇몇 고대 학자들에게서 나왔다. 세계를 이해하고 싶은 사람은 누군가의 자료를 꼼꼼히 따져보거나 어려운 조사와 실험을 하지 않아도 되었다. 읽고 되새겨 보고 토론하는 것만으로 충분했다. 내가 알고 싶은 것들은 이미 활자

로 기록되어 있었다. 이것을 제대로 이해하고 해석하는 것이 중요한 문제였다. 이러한 사고방식을 '스콜라주의'라고 하는데 이는 특히 중세 말에 유행하던 학풍이다.

그러나 중세 시대라는 용어는 정작 그 시대에는 존재하지 않았고, 뒤이어 나타난 르네상스 시대에 새롭게 만들어진 개념이다. 르네상스 시대는 고대로부터 내려온 문화유산이 새로운 각도와 시선으로 재조명이 되던 시기였다. 중세 시대는 바로 고대와 르네상스, 두 시대를 이어주는 시기였다.

르네상스 시대에는 지구 중심의 세계관이 도전을 받기 시작했다. 갈릴레오 갈릴레이Galileo Galilei는 1632년 발간된 저서 『두 우주 체계에 대한 대화Dialogue Concerning the Two Chief World Systems』에서 우주의 중심이 지구인지 태양인지에 관한 의문을 제기했다. 그는 후자인 태양 중심의 지동설을 옹호했다. 그의 책은 교회로부터 거센 비난을 받았고, 교회에 의해 금서로 지정되어 1835년까지는 검열 없이 출판하는 것이 금지되었다.

갈릴레이는 오늘날 우리가 과학적인 방법이라고 부르는 것들, 즉 관찰과 실험으로부터 지식을 축적하는 것의 중요성에 관해 명확한 입장을 가지고 있었다. 그는 관찰에 사용할 망원경을 직접 제작했고, 니콜라우스 코페르니쿠스Nicolaus Copernicus가 1543년에 주장한 것처럼 태양이 우주의 중심에 있다는 사실을 확인할 수 있었다.

덴마크 천문학자인 티코 브라헤Tycho Brahe는 갈릴레이와 동시대를 살았지만, 지구 중심의 세계관을 고수했다. 브라헤는 지구가 우주의 중심이라는 것은 너무나 분명한 사실이어서 의심할 여지가 없다고 믿었다. 행성이 완전한 원형 궤도로 돈다는 것도 의심할 수 없다. 하나님은 우주를 창조했고, 하나님이 완벽하기 때문에 하나님의 창조물도 완벽해야 한다는 것이다. 그러나 티코 브라헤의 딜레마는 이 자명한 진리가 자신이 관찰한 바와 일치하지 않았다는 점에 있었다.

그렇다면 그는 무엇을 해야 하는가? 그는 어떻게 주어진 진리와 자신이 관찰 결과를 일치시킬 수 있었을까? 브라헤는 행성들이 태양을 중심으로 돌고 있다는 것을 알고 있었다. 브라헤가 생각해 낸 해결책은 지구를 제외한 모든 행성이 태양을 중심으로 돌고 있다는 우주모델을 만들어 보자는 것이었다.

브라헤는 태양 주위를 도는 태양계 시스템 전체가 지구를 중심으로 돌고 있다고 생각했다. 지구는 태양을 기준으로 도는 전체 태양계의 중심에 있다는 것이다. 이런 방법으로 그는 이전의 선입견들과 자신이 관찰 결과를 일치시키려고 노력했다.

그러나 앞뒤가 맞지 않는 점이 여전히 남아 있었다. 브라헤가 사망한 후, 옛 동료였던 요하네스 케플러Johannes Kepler는 이 문제를 해결하기 위한 노력을 계속했다. 두뇌가 비상한 수학자였던 케플러는 브라헤의 관찰에 근거해 계산했다. 그러나 여전히 해결책을 찾지는 못했다. 그는 새로운 방식으로 생각해 볼 필요가 있다는 것을 깨달았다. 케플러는 전혀 다른 방식으로 이 문제에 접근하기로 했다. 이전의 선입견을 모두 버리고 머릿속에서 가상의 실험을 해보기로 했다.

자신이 화성이라고 가정하고 지구를 바라본다고 생각해 보았다. 태양계에 대한 광범위한 지식에 근거해 케플러는 태양계의 형태를 규명해 냈다. 또한 행성들이 태양을 중심으로 원을 그리며 도는 것이 아니라, 타원형을 그리며 돌고 있다는 사실을 알게 되었다. 그는 이러한 행성의 움직임을 설명하기 위한 방정식을 만들어냈고, 이 방정식은 지금도 활용되고 있다.

지구 중심의 세계관을 버리고 태양 중심의 세계관을 갖게 된 것은 엄청난 변화였다. 당시에도 지구 중심 세계관에 회의적인 사람들은 있기는 했지만, 태양 중심적 세계관으로의 변화가 정말로 혁명적이었을까? 당시 대부분의 평범한 사람들은 아마도 하루하루 일상을 살아가느라 지구와 태양의 관계에 대해서는 아무런 관심조차 두지 못했을 것이다. 실생활에서는 정말 변한 것이 없었다. 그리고 전과 같은 일상이 변함없이 계속되었다.

그렇다면 왜 어떤 사람들은 세계관의 변화를 그토록 우려했을까? 그것은 바로 우리가 생각하는 방식을 바꿀 수 있기 때문이다. 일단 교회도 오류가 있을 수 있다는 것 자체가 질서를 파괴하는 생각이었다. 완벽하다고 생각했던 교회마저 틀릴 수 있다면, 과연 절대적인 것은 있기나 한 것일까? 이것은 누구를 믿고 무엇을 믿어야 하는가에 대한 의문으로 이어졌다.

결국 새로운 지식이 세계관과 생각하는 방식을 바꾸었다. 앉아서 묵상하고, 종교 문서를 읽는 것이 학습이라는 생각은 점차 사라지기 시작했다.

1687년에 아이작 뉴턴Isaac Newton의 『자연철학의 수학적 원리 Philosophiae Naturalis Principia Mathematica』가 출판되면서 현대 물리학이 등장하였다. 그전까지는 아리스토텔레스의 물리학이 거의 이천 년 동안 '진리'로 대접받아 왔다.

뉴턴은 자신의 책에서 운동의 법칙, 무엇보다도 중력의 법칙에 대해 강조했다. 이로 인해 과학과 과학적 사고에 관한 관심도 높아졌다. 이 무렵 '누구의 말도 곧이곧대로 믿지 말라 Nullius in verba'는 구호를 모토로 왕립 과학 아카데미인 영국왕립학회The Royal Society가 창립되었다. 이 구호는 누구의 말이나 권위를 인정하지 말고, 스스로 해답을 찾아보라는 의미이다.

르네상스 이후 과학이 발전하면서 합리성과 스스로 생각할 수 있는 개인을 강조하는 계몽주의가 등장했다. 권력을 가진 권위 있는 사람들의 주장을 더는 신봉하지 않아도 된다는 생각은 당시로는 반역적이고 위험하기까지 했다. 지식은 엘리트 계층의 배타적인 전유물이 아니라 모두의 것이라는 견해는 어마어마한 변화로 이어졌다. 우리의 지식 체계와 사회, 그리고 생각하는 방식을 근본적으로 뒤흔든 통찰력이었다.

사람들이 각자 스스로 생각할 수 있다는 생각은 자신이 처한 상황에 대해 스스로 영향력을 행사할 권리가 있다는 결론으로 이어졌다. 계몽주의의 지지자들은 이전에는 하나님이 주신 것으로 생각했던 사회적 질서가 사람들의 의지에 의해 영향을 받을 수 있고, 그래야만 한다고 생각하게 되었다.

계몽주의 개념은 1776년의 미국 독립혁명과 1789년 프랑스 대혁명에 영향을 미쳤다. 거대한 사회적 격변은 생각하는 방식의 변화가 가져온 결과였다.

큰 변화는 반작용을 불러올 수 있다. 낭만주의가 계몽주의 시대에 뒤이어 나타났다. 합리성과 이성 대신 감정과 신비를 강조한 시대였다. 역사에 대한 관심과 결부되어 낭만주의는 민족낭만주의와 민족주의의 성장으로 이어졌다.

뉴턴과 계몽주의 시대는 우리 존재를 둘러싼 모든 것이 과학적 법칙으로 설명될 수 있다는 생각이 만연하던 시기였다. 우리의 인생에는 안정감을 주는 질서라는 것이 있다는 것이다. 그러나 이 무렵 알베르트 아인슈타인Albert Einstein이 등장했다. 그는 뉴턴에게도 오류가 있다는 것을 깨달았다. 아인슈타인의 연구는 다른 많은 이들의 노력과 어우러져 고전역학과는 다른 양자물리학이나 양자역학의 출현으로 이어졌다. 양자역학은 뉴턴의 물리학을 따르지 않는 수많은 특이성을 포함한다.

모든 방사성 물질은 각각 일정한 반감기방사성 물질의 방사능이 반으로 줄어드는 데 필요한 시간 - 옮긴이를 가지고 있다. 주어진 반감기 동안 원자의 절반의 방사성이 붕괴 된다. 예를 들면 세슘-137Cesium-137의 반감기는 30년이고, 우라늄-238Uranium-238의 반감기는 45억 년이다. 그러나 이 기간에 어느 특정 원자가 언제 붕괴할 것인지 예측하는 것은 불가능하다. 언제라도 특별한 이유 없이 그런 일이 일어날 수 있다.

좀 다른 특이점이라면 양자역학에서는 두 입자 간에 어떤 관련성이 있다고 생각한다는 점이다. 우리가 한 가지 입자의 상태를 안다면 다른 하나가 우주 공간 어느 곳에 있든지 보지도 않고 그 상태를 예상할 수 있게 된다.

양자역학에서 다루는 초 극도의 미세 입자들은 뉴턴의 물리학이 적용되는 물체의 유형인 행성이나 자갈 입자들과는 근본적으로 다르다. 덴마크의 물리학자인 닐스 보어Niels Bohr는 "양자역학을 접하고도 충격을 받지 않는 사람은 그것을 이해하지 못한 사람"이라고 말했다.

과학은 부분적으로 종교를 대신해 우리 인간이 이해할 수 없는 것을 설명하는 믿을만한 도구가 되었다. 뉴턴이 발견한 단순하고 기계적인 법칙은 명확한 질서를 가져왔지만, 양자역학은 새로운 불확실성을 가져왔다. 양자역학은 정확한 예측이 아닌 확률을 다루고 있다. 세상은 우리가 믿는 것만큼 단순하지 않다. 아직도 우리가 이해할 수 없는 것들이 너무나 많다.

우리 인간은 늘 정답을 찾기 위해 노력한다. 우리는 이해하기 쉬운 단순한 답을 더 좋아한다. 그러나 이 단순함 속에서 더는 진실을 찾을 수 없다면 우리는 다시 답을 찾아 나서야 한다. 이것이 매우 어렵고 힘든 것은 너무나 당연하다. 오랫동안 존재했기 때문에 익숙하다고 느끼는 것들을 붙잡고 싶은 유혹이 있을 수 있다. 그러나 역사가 우리에게 가르쳐 준 것처럼 하나의 아이디어가 이천 년 동안 존재해 왔다고 해서 그것이 진리라는 보장은 없다.

자신과
주변세계 이해하기

사람들이 이천 년 동안 믿어온 어떤 것이 알고보니 진리가 아니라는 것이 문제가 되는가? 그것이 실패의 징조일까? 아니면 명성의 상실일까? 아니면 반대로 이전의 것을 버리고 아예 새로운 것을 배우는 것이 더 재미있고 흥미로운 것일까?

새로운 지식에 대한 내 입장은 주로 선택에 관한 것이다. 새롭고, 잠재적으로 도전적인 지식에 관심을 두고 싶어 하는 것인지, 아니면 내가 항상 믿어왔던 것에 안일하게 머물고 싶어 하는지에 관한 선택이다. 이 기준에 따라 우리 스스로 무엇을 선택하여 접근할지가 정해진다.

내 경험상 이는 교육이나 지능의 문제는 아니다. 때때로 나는 사람들과 진화와 지적설계론에 관한 토의를 한 적이 있다. 지적설계론이란 우리의 존재와 삶은 어떤 지적능력을 가진 창조자가 개입하여 설계한 결과라는 생각이다.

지적설계론에 대한 내 생각은 진화는 사실과 근거에 의해 뒷받침되지만, 지적 설계 개념에 대해서는 과학적인 증거가 없다는 것이다. 당시 나를 놀라게 한 것은 똑똑하고 교육 수준이 높은 적지 않은 사람들이 과학을 부인하고 증거가 허술한 것을 맹목적으로 믿기로 작정하고 있다는 것이었다.

여러 해 전에 나는 학력도 높고 지적인 의회 의원과 토론을 벌인 적이 있다. 토론은 결론이 나질 않았고 우리 둘 중 누구도 생각을 바꾸지는 않았지만 나는 귀중한 교훈을 얻었다. 당시 나와 논쟁을 하던 상대방은 우리가 토론하면서 아무것도 얻지 못했다는 것을 깨닫고 다음과 같은 말로 마무리했다. "당신은 내가 신앙 지상주의자라는 것을 제대로 이해하지 못하기 때문에 이 토의를 계속하는 것은 의미가 없습니다."

나는 전혀 그렇지 않았다. 그 '신앙 지상주의'라는 단어를 찾아본 뒤에 나는 새롭게 이해하게 되었다. 신앙 지상주의자는 믿음이 이성보다 우월하며 단순히 무언가를 믿기만 하는 것으로 충분하다고 생각한다. 증거나 사실관계도 필요하지 않다. 사실이나 과학만으로는 "성경에 그렇게 나와 있습니다."라는 그들의 논리는 이길 수가 없다.

신앙 지상주의자 되는 것도 하나의 선택이다. 마찬가지로 새로운 지식이 자신의 태도를 바꾸도록 끊임없이 준비하는 것도 하나의 선택이다.

나는 전략적인 사고를 하는 것과 신앙 지상주의자가 되거나 새로운 지식을 거부하려는 생각은 양립할 수 없다고 생각한다. 새로운 지식이나 지식이 만들어내는 생각들을 받아들이지 않는 사람들은 결국 사고와 관점에 한계가 있을 수밖에 없다. 전략적 사고란 새로운 지식을 찾고 축적하고, 계속 이전에 생각하던 방식을 점검하는 것이다. 여기에는 우리가 다른 사람의 의견에 설사 동의하지 않는 경우에도 다른 사람의 관점에서 세상을 보려고 노력하는 것까지 포함된다. 다른 관점을 통해서 무언가를 배우기 위해 누군가의 세계관에 동의할 필요까지는 없다.

자기 생각을 재평가하는 데는 일정한 과정의 흐름이 나타난다. 처음의 반응은 새로운 지식은 틀렸고 다른 사람이 오해하고 있다는 부정일 수 있다. 그리고 차츰 그 지식을 살펴보고 서서히 받아들이기 시작하여 비로소 기쁨의 원천이 되는 새로운 무언가에 도달하게 된다.

이러한 과정을 거치면서 애석하다는 느낌이 들어도 잘못된 것은 아니다. 아무리 낡아빠진 생각이나 아이디어일지라도 어떤 것을 포기한다는 것은 애석한 느낌이 들게 만드는 상실의 한 형태이기 때문이다. 이런 점을 인정한다면 생각의 점검 과정을 거치는 일은 훨씬 쉬워진다.

다양한 그룹들과 함께 개발에 대한 작업을 진행했을 때, 참가자들이 어느 시점에서 가끔 혼란을 경험하는 것이 일반적이라는 것을 알게 되었다. 그들 중 대부분이 혼란에 대해 좌절감을 표현하는 것은 당연하다. 내 경험상 이러한 혼란은 긍정적이다.

그러한 혼란은 뇌가 새로운 연결고리를 만들고 새로운 사고 패턴을 형성하는 시기에 발생하는 자연적인 현상과 같다. 우리는 오래된 사고방식의 안일함을 벗어났다 하더라도, 새로운 방식에 정착하기까지 우리는 잠시나마 길을 잃기 쉽다.

혼란은 그 자체가 변화가 진행 중이라는 것을 보여주는 것이며 한 걸음 앞으로 나아가는 과정이다. 항상 그렇지 않을 수도 있다. 혼란스러운 감정을 느낀다고 해서 꼭 새로운 통찰력에 도달하는 것은 아니기 때문이다.

우리의 뇌가 작동하는 법

대니얼 카너먼^{Daniel Kahneman}은 노벨경제학상을 받은 미국의 심리학자이다. 대개 경제학자들에게 수여 되기 마련인 노벨경제학상을 심리학자인 그가 수상한 것은 이례적이었다. 그는 고전 경제학파의 관점에 도전하는 행동경제학 분야의 획기적인 업적으로 2002년 노벨상을 받았다.

카너먼은 유명한 저서인 『생각에 관한 생각^{Thinking, Fast and Slow}』으로 일반 대중들에게도 친숙한 작가이다. 이 책의 제목은 두뇌가 시스템1과 시스템2 등 두 개의 다른 시스템으로 이루어져 이것이 상호작용한다는 심리학자들의 생각을 설명해주고 있다.

시스템1은 빠르고 직관적이다. 노력이 그다지 필요하지 않고, 우리가 의식하지 못하는 사이에 작동한다. 사람이 아주 많은 곳에서도 어떤 한 사람을 알아보거나, 사람의 표정을 보고 어떻게 해석했는지를 생각해보자. 단계별로 의식적인 분석을 하는가? 아니면 그저 보이는 대로 느낀 것인가? 아마도 후자일 것이다. 이 경우 시스템1을 사용한 것이다.

시스템2는 의식적이고 강도 높은 정신 활동을 한다. 시간이 걸리고 노력이 필요한 경우가 많다. 17 곱하기 24는 얼마인가? 그 질문에 대해 우리가 바로 "내가 계산할 수 있어."라고 대답했다면, 그 경우에는 시스템1을 사용한 것이다. 그러나 실제로 답을 내리려면 시간과 어느 정도의 노력이 필요하다. 원한다면 암산으로 할 수 있지만 그렇게 할 수 있는지가 또 문제이다. 이 문제의 답은 408이다. 시스템2를 사용해 답을 도출해 낸 것이다.

위의 예시는 시스템1이 자동 조정 장치처럼 작동하는 반면, 시스템2는 보통 대기 상태에 있다가 필요하다면 작동한다는 것을 보여준다. 이것은 최소한의 노력으로 최대한의 효율성을 창출해 내기 위해 두뇌가 가진 나름의 해결방안이다. 그러나 문제도 있다. 시스템1은 신중한 분석 없이 빠른 결정을 할 수 있는 방법이지만, 간단한 경험 규칙에 의존하기 때문에 잘못된 결정을 내릴 수 있다.

한 예로 닻내림 효과[1]로 불리는 특이한 방법이 있다. 다음 질문을 한번 생각해보자. 간디Gandhi는 사망했을 때 나이가 114살보다 많았을까, 적었을까? 그가 사망 당시 몇 살인지 잘 모르겠다면 추측이라도 해본다. 아마도 우리는 누구나 숫자 114를 기준으로 그보다는 적은

....

1   정박효과, 또는 앵커링 효과라고도 한다. 어떤 판단을 내릴 때 앞서 제시된 기준에 영향을 받아 판단을 내리는 현상으로 심리학자이자 행동경제학의 창시자인 대니얼 카너먼과 심리학자 아모스 트버스키가 실험을 통해 증명하였다. - 옮긴이

나이일 것이라고 생각할 것이다. 하지만 다음 질문에서 제시하는 숫자에 근거해 추측했다면 더 높다고 추측할 것이다. '간디는 사망했을 당시 35살보다 많았을까 아니면 적었을까?' 그 경우 우리는 35라는 숫자를 기준으로 삼아 높다고 추측할 것이다.

질문에 등장한 숫자는 무작위로 선택되고, 별다른 의미가 없어 보여도, 그 숫자는 우리가 닻을 내리는 기준점이 된다. 시스템1은 이 숫자를 출발점으로 사용하고, 여기에 시스템2의 도움을 받아 합리적인 이유를 근거로 위아래로 조절하여 답변을 도출해 낸다. 참고로 간디는 79세까지 살았다.

우리는 뇌를 시스템1과 시스템2가 상호작용하는 기관이라고 보고, 이 시스템들이 다른 역할과 기능을 가지고 있다는 것을 안다면, 우리의 뇌와 생각을 보다 쉽게 이해할 수 있다.

이 두 가지 시스템 사이의 상호 작용을 설명한 또 다른 심리학자는 조너선 하이트Jonathan Haidt이다. 그는 코끼리와 기수의 비유를 이용했다. 시스템1은 코끼리이고 시스템2는 기수이다. 이 같은 비유는 시스템 간의 관계를 적절하게 설명해 준다.

때때로 기수는 자신이 코끼리를 통제한다고 생각하지만, 실제로 결정을 하는 것은 코끼리이다. 코끼리가 어떤 일을 하겠다고 마음먹으면 기수는 그것을 막을 수 없다. 코끼리는 기수의 충동질, 회유, 설득에 반응은 할 수는 있지만, 결국 최종 결정은 코끼리가 한다.

하이트는 뇌와 인간 행동을 이해하는 데에 필수적인 추가 설명을 덧붙였다. 코끼리 위에 올라탄 기수의 임무는 코끼리를 돕는 것이다. 영국의 철학자인 데이비드 흄David Hume의 말을 인용하자면 "이성은 열

정의 노예이다."

우리 뇌의 이성적인 측면인 시스템2 또는 기수는 우리가 운동을 더 하고 과자를 적게 먹어야 한다는 것을 알고는 있다. 하지만 우리 안의 코끼리는 과자를 원한다. 자신에게 운동은 내일 더 하면 되고, 오늘은 일을 많이 했기 때문에 이 정도쯤은 먹어도 된다고 말하고, 앞으로 일주일 동안 과자를 입에도 대지 않겠다면서 우리 행동을 합리화할 것이다.

코끼리가 원하는 것을 할 수 있도록 합리적인 근거를 찾는 것은 기수의 일이다. 그러나 우리는 이미 자신과의 약속을 지키지 않을 것이라는 걸 잘 알고 있다. 우리 안에 있는 코끼리의 힘이 너무 세기 때문이다.

코끼리와 기수 사이의 관계가 어떤 결과로 이어질지를 예측하는 잘 알려진 사례 가운데는 확증편향[2]이라고 불리는 것이 있다. 우리는 이미 결정한 내용에 대해 거듭 확증하고 싶어 한다. 예를 들면 자신이 어떤 정치적 의견을 가지고 있다면, 그 의견을 고집하며 이를 지지해 줄 사람을 찾는다. 무슨 의견인지는 중요하지 않다.

그리고 이에 대한 반론에 대해서는 오류를 찾아내려고 한다. 반론은 근거가 부족하고, 논리가 빈약하며, 실제 상황을 오해하고 있다는 식이다.

반면 내 주장의 근거는 명확하고 논리적이며 실제적이라는 것이

. . . .

2 　확증편향은 기존에 형성된 사고나 가치, 신념에 맞는 정보만을 받아들이려는 경향을 의미한다. 이에 반하는 경우 사람들은 자기 생각을 바꾸기도 하지만, 기존의 것을 유지한 채 정보를 취사선택하기도 한다. - 옮긴이

다. 게다가 자신의 주장과 비슷한 주장은 대체로 유별나게 현명해 보이는 사람들에게서 나오는 반면, 그에 대한 반론을 제기하는 사람들은 상대적으로 덜 지적이거나 덜 똑똑해 보이는 사람들에게서 나오는 경향이 있다고 생각한다.

확증편향은 자신의 가설을 증명하려는 연구자에게 영향을 미치고, 그들은 자신의 가설을 반박하는 견해들을 무시할 위험이 있다. 그래서 많은 사람이 자신의 가설을 스스로 반박해보려는 시도해 본다. 우리가 A라는 사실을 완벽하게 확신하고 싶다면, 그것이 참이 아니라는 것을 입증해 보려고 최선을 다해볼 필요가 있다. 그리하여 끝내 그것을 입증할 만한 근거를 발견할 수 없다는 결론을 내리는 순간 비로소 A가 참이라는 사실을 믿을 수 있다.

우리가 자신을 완벽하게 객관적이고, 확증편향에 영향을 받지 않는 사람이라고 확신한다면, 그것이야말로 우리가 그런 사람이라는 것을 나타내는 신호이다.

합리적인 주장을 통해 나의 기수는 나의 코끼리가 다른 사람과는 달리 편견도 없고 객관적이고, 현실적이라고 확신한다. 그러나 이런 말을 하게 돼서 유감이지만 우리는 전혀 그렇지 않다.

기수는 때때로 아주 잠깐 코끼리가 하고 싶지 않은 것을 하도록 명령은 할 수 있다. 우리는 보통 이것을 의지력이라고 부른다. 의지력을 가지고 있기 때문에 우리는 과자를 보고도 자제심을 발휘할 수 있는 것이다. 하지만 이 상태는 오래가지는 못한다. 다시 코끼리가 상황을 통제하기 때문이다.

바람직한 행동의 변화를 장기간 지속하려면 기수와 코끼리는 합의점을 찾아야 한다. 운동이 유익하고 과자가 나쁘다는 사실을 코끼리에게 납득시키기 위한 합리성을 뛰어넘는 방법을 찾아야 한다. 합리적인 이유에 호소하는 방법은 기수에게나 통하는 방법이다. 감정의 변화를 끌어낼 수 있는 뭔가가 필요하다. 이것이 바로 조직의 변화를 모색하는 관리자들이 변화에 성공하려면 마음과 뇌에 영향을 줄 수 있어야 한다고 이야기하는 이유이다.

뇌는 때로는 우리를
이상한 사람으로 만든다

우리 인간이 논리만을 사용하고 감정의 통제를 받지 않는다면 잘 살 수 있을까? 잘 견디지 못할 것이다. 신경과학자 안토니오 다마지오 Antonio Damasio는 그의 저서 『데카르트의 오류 Descartes mistake』에서 전두엽 손상은 사람의 정서적 능력에 영향을 준다고 설명했다. 이러한 손상을 입은 환자들은 감정을 잘 느끼지 못한다. 동시에 그들은 논리적인 능력이 매우 뛰어나고 지능 테스트를 훌륭하게 통과하며, 사회적 도덕적 규칙도 매우 잘 알고 있다.

하지만 그들은 정상적인 생활을 하지 못한다. 그 이유는 아침 식사 메뉴로 무엇을 먹어야 할지, 무엇을 입어야 할지, 어떤 진로를 택해야 할지 등 모든 결정을 논리적 문제로 보기 때문이다. 그들은 올바른 답을 찾아내기 위해 장단점을 비교해보다가 결국은 아무것도 결정하지 못하고 만다.

뇌가 온전하고 감정이 있을 때, 우리가 마치 올바른 결정이 무엇인지 알고 있다는 느낌을 받는 경우가 있다. 이것이 우리의 직관이고, 시스템1이기도 하며, 기수 또는 시스템2의 도움을 받아 결정을 내리는 코끼리이기도 하다. 항상 올바른 결정을 내리지 않을지라도 우유부단하여 이러지도 저러지도 못하는 것보다는 차라리 낫다.

그 코끼리는 단기적으로 생각하고 즉흥적인 만족만을 원한다. 기수는 장기적인 안목에서 "과자를 먹지 말자"고 말하는 것이 바람직하다고 생각할 수 있다. 코끼리는 물론 동의하지 않는다. 그러나 아주 게으른 코끼리의 속성을 유리하게 활용해 볼 수도 있다.

예를 들면 우리 집에 아예 과자를 없앤다면 기수는 이미 이긴 것이다. 때로는 과자를 금속 상자에 넣어 높은 선반 위에 놓아 코끼리 눈앞에서 치워버리는 것만으로도 충분하다. 이 같은 멋진 속임수가 코끼리를 마음대로 행동하지 못하게 만든다.

여기서 중요한 점은 감정과 이성은 지적이고 효과적인 행동을 만들어 내기 위해 함께 작동해야 한다는 점이다. 감정 혹은 코끼리가 대부분의 작업을 수행하지만, 기수로부터 상당히 도움을 받아야 한다. 기수는 코끼리를 더욱 영리하게 만들어 주지만, 때로는 코끼리가 너무 강력하기 때문에 우리는 비합리적이고, 자신의 이익에 반하여 행동하기도 한다. 인간이 꽤 똑똑한 존재이면서도 때로는 정말 이해할 수 없는 행동을 하는 것도 이 때문이다.

그러나 개인의 사고와 행동방식을 이해한다고 해서, 인간의 행동을 이해할 수 있는 것은 아니다. 인간은 대개 서로 간의 상호작용을 통해 복합성을 만들어 낸다. 한 집단의 행동은 개인의 개별행동의 단순한 총합이 아니다. 한 집단은 개별 개인과는 다르게 행동할 수 있다. 또는 개인이 집단의 한 부분이 되면 다른 사람이 되어버리기도 한다. 집단의 역동성은 우리 모두에게 영향을 준다. 우리를 이상하게 만들 수도 있다.

조너선 하이트는 뇌가 진화에 의해 어떻게 형성되어 왔는지에 관한 가설을 제시한다. 우리의 현재의 뇌는 인간이 수렵과 채집을 하던 시대부터 진화하기 시작했다. 그때 사람들은 무리를 지어 떠돌며 살았다. 이기심을 가진 개인 간의 경쟁이 있었지만, 집단 간의 경쟁이 더 중요했다.

살아남으려면 한 집단에 속한 사람들은 서로 협력을 해야 했고 가장 협동을 잘하는 집단은 생존의 가능성이 더 커졌다. 이것은 진화가 협력을 잘 할 수 있는 사람에게 유리한 방향으로 진행되어왔다는 것을 의미한다. 다른 집단과 경쟁하기 위해서는 집단 내에서의 협력이 중요했다. 협력은 자신이 더 큰 집단의 일부라고 느끼게 하는 것이고, 자신이 속한 집단에 기여하는 것이 개인의 역할이었다.

일을 위한 협력을 위해서는 집단을 하나로 묶어주는 소속감이 필요하다. 우리 인간은 어떤 공동체의 일부가 되었을 때 종종 뭔가 고양되는 것을 느낀다. 그러한 공동체는 또래 집단 그룹일 수도 있고, 어떤 스포츠팀이나 그 팀의 지지자 그룹일 수도 있고, 정치조직이나 종교단체일 수도 있다.

어떤 공통적인 생각이나 정체성에 더하여, 특별하게 구별된 의식 따위가 구성원들을 하나로 묶어주는 작용을 한다. 특별하게 구별된 의식이란 함께 부르는 노래일 수도 있고 옷, 스타일이나 유니폼, 유사한 특징 등도 해당한다. 겉으로 보기에는 이런 외적인 것들은 별 의미가 없어 보이지만, 그 안에는 소속감을 느끼게 하고 협력의 조건을 만들어 내려는 의도가 깊게 깔려 있다.

사람이 힘을 합치면 피라미드를 건설하는 것이든 커피기계를 제조하는 것이든, 개인이 혼자서는 할 수 없는 일을 할 수 있다. 바로 협력할 줄 아는 능력으로 인해 인간은 지구를 지배하는 종이 되었다.

그러나 모든 것에는 대가가 따르기 마련이다. 하나의 집단, 즉 '우리'라는 것이 존재하려면 그 반대편에 '그들'이라는 집단의 존재가 전제되어야 한다. 협력하는 능력은 우리가 다른 집단과 경쟁하기 위해 발전해 왔다. 우리에게는 협력이라는 환상적인 능력이 그들에게는 파멸의 원인으로 작용할 수 있다는 것이다.

자기 인식을 제대로 할수록, 우리는 인간이 서로 얼마나 비슷한지도 이해하는 동시에, 각자가 그들만의 특색도 가지고 있다는 사실도 알게 된다. 조직 심리학자인 타샤 유리히Tasha Eurich는 자기 인식은 다음 세 가지에 대한 이해를 구축하는 것이라고 말했다.

그 세 가지란 1) 우리 자신을 이해하는 것, 2) 다른 사람이 우리를 어떻게 인식하는지를 이해하는 것, 3) 우리가 세계에 적응하는 방식 등을 말한다. 그녀는 이러한 능력들을 가진 사람들이 더 행복하고 더 나은 결정을 내리며 보다 창의적이며 소통 능력이 뛰어나다고 주장했다.

그러나 자기 인식을 하는 것은 말처럼 쉬운 일이 아니다. 어떤 사람들은 자신을 잘 이해하지만, 다른 사람이 자신을 어떻게 보는지는 이해를 못 한다. 정반대인 사람도 있을 것이다. 유리히는 우리가 자신이 어떤 존재인지와 다른 사람으로부터 어떻게 인식되는지를 모두 이해하는 경우는 드물다고 말한다. 그녀는 또한 우리에게 경고의 메시지를 날린다. 사람은 성찰만 한다고 해서 자신을 제대로 이해할 수 없다. 그렇다고 가만히 앉아서 곰곰이 생각만 한다고 해서 통찰력이 저절로 생겨나는 것이 아니다. 우리는 모두 외부로부터 제공되는 새로운 지식이 필요하다. 예를 들면 다른 사람에게 우리를 어떻게 생각하느냐고 묻거나, 가능하다면 여러 가지의 성격 테스트를 해봄으로써 외부로부터의 자극을 받을 수 있다.

지식의 습득에는 노력이 필요하다.
방법에 의존하지 말라

지식은 우리가 날 때부터 가지고 태어나는 것도 아니고, 모든 것을 갑자기 다 알게 해주는 어떤 마법 같은 것이 있는 것도 아니다. 지식은 때에 따라서는 고된 노력으로도 얻어지기도 하고, 놀이를 통해서도 얻어진다. 나에게 잘 맞는 방법을 사용한다면, 새로운 것을 배우는 것이 재미있는 일이 될 수도 있다. 우리 대부분은 책을 통해 무언가를 배운다. 어떤 사람들은 강의를 듣거나 영화를 보면서 배우기도 한다. 또 누군가는 경험을 통해서 가장 많은 것들을 배우는 사람도 있다.

우리가 어떤 대상을 이해하고 변화를 주려면 일단은 그것이 무엇인지부터 알아야 한다. 여기에 예외나 지름길은 없다. 항상 수행해야 할 과제가 있기 마련이다. 몇 단계를 따르기만 하면 모든 것이 가능하다고 보장해주는 방법이 혹시 있다고 해도, 그 방법을 따라서 노력을 기울여야 하는 것은 결국 우리 자신이다.

업무 미팅이나 워크숍에서 가장 흔하게 사용하는 방법의 하나는 작은 종이에 머리에 떠오르는 생각들을 써 내려가면서 문제 해결을 도모하는 방식이다. 대개 다음과 같은 과정을 따라 진행된다. 먼저 중요한 비즈니스 이슈 하나를 해결해야 할 과제로 올려놓는다. 참가자들은 각자 자기의 생각이나 아이디어를 몇 분간 써 내려간다. 그리고 일어나서 자기가 쓴 종이를 흰 칠판이나 벽에 붙인다. 필요하다면 참가자들은 자기가 쓴 내용을 간략하게 설명도 한다.

그다음에는 종이를 분류하여 모은다. 비슷한 내용의 종이들을 함께 모아 놓는다. 동그란 원 안에 그 종이들을 넣고 이름을 붙여 구분한다. 이런 활동은 대개 몇 시간 정도 걸리는데 보통 어떤 종이를 어느 그룹으로 분류하고, 분류된 종이 무더기에 어떤 이름을 붙여 주어야 할지에 관하여 긴 시간 토의를 한다. 모든 과정이 끝났을 때 종이들은 몇 개의 중요한 그룹으로 나뉘는데, 이 각각의 그룹들이 바로 질문과 문제에 대한 해법이 되는 것이다.

나는 처음에는 이 방법을 긍정적으로 보았다. 여러 가지 생각과 아이디어를 손쉽게 얻는 방법처럼 보였다. 하지만 시간이 지나면서 내 생각은 달라졌다. 별로 적합하지 않은 경우에도 이 방법이 남용되고, 도출된 결과물이 비판 없이 받아들여진다는 것을 알게 되었다. 너무 잘 알려지고, 자주 사용하는 방법이다 보니 그 결과도 당연히 정당할 것이라고 단정 지어 버리는 것이다.

이러한 활동은 참가자들에게 어려운 문제를 제대로 알고, 이해해보려고 시간과 에너지를 쏟지 않아도 문제를 해결할 수 있다는 환상을 심어줄 수 있다. 낱개의 문장들을 어떻게 정렬해야 하는지 등 무의미한 토론에 상당한 시간이 소비된다. 이것은 적극적인 관심을 유도해 내기도 하지만, 참가자에게 '그래도 참여는 했다'는 착각만 하게 할 수도 있다.

몇 분 안에 몇몇 짧은 문장으로 똑똑한 해결책이나 깊은 지식을 얻을 수 있다고 생각한다면 참가자들이나 문제가 가진 복합성에 대한 인식이 없는 것이다. 때로는 칠판에 붙여진 노란 포스트잇 안에 무슨 마법이라도 있다고 믿는 것처럼 보인다.

어떤 사람들은 이 방법이 나름대로 효과가 있다고 반박할 수 있다. 적합한 경우에 사용된다면 반드시 좋은 결과를 만들어 낼 수 있다. 단순히 아이디어를 모으는 경우라면 특히 그렇다.

또 어떤 사람들은 참가자들이 주제에 정통한 전문가라면 효과적이라고 주장한다. 맞는 말이긴 하다. 하지만 참가자들이 주제에 대해 깊은 이해를 하고 있다면, 나는 차라리 종이를 버리고 서로 질문하고 인터뷰하는 데 더 집중해 보라고 조언하고 싶다. 호기심 가득하고 비판적인 질문을 통해서 전문성을 끌어내고 의견을 종합할 수 있다.

물론 다른 방법들도 있다. 그러나 원리는 같고, 이 방법만 따른다면 크게 힘들이지 않고도 해결책을 찾아낼 수 있다고 주장한다는 점에서 별 차이가 없다. 미리 정해둔 단계만 따르면 해결책이 익은 과일처럼 손에 쥐어진다는 것이다.

나는 의외로 많은 개발 컨설턴트나 개발 전략가들이 자신이 맡아서 변화를 만들어 내야 할 작업의 내용을 제대로 파악하지 못하고 있는 경우를 자주 보았다. 그들이 알고 있는 것은 한, 두 가지 방법들뿐이다. 그리고 그들은 그러한 방법에 지나치게 매몰되어 있다.

때로 그들은 자신이 다루어야 할 대상이 되는 일에 대해서 아무것도 모른다는 점이 문제 해결의 핵심이라고 주장한다. 그들은 오랫동안 각인되어 온 사고패턴에 의해 자신들의 생각이 영향을 받을까 봐 일부러 알려고 하지 않는다고 말한다. 확실한 것 한 가지는 새로운 시각과 관점도 좋지만, 내가 바꾸려는 대상에 대해서 알 필요는 있다는 점이다.

린Lean 시스템은 일본 자동차 산업, 정확히 말하면 일본 기업인 도요타의 자동차 생산 시스템에서 유래된 방법이다. 일본에서는 상당히 효과가 있었다. 쉽사리 모방할 수 있는 방법이기도 했다. 그러나 어떤 방법이 제대로 작동하려면 그 시스템이 적용되는 곳의 문화와도 맞아야 한다. 충분한 시간을 둔 노력과 학습이 필요하다. 과제가 따라오는 것은 물론이다. 나는 조직 또는 조직 내의 단위들이 린 시스템의 겉모습만, 그것도 겉모습 가운데 일부만 채택하여 모방하려고 하는 것을 자주 보아 왔다. 예를 들면 일주일에 한 번, 구성원들이 화이트보드 앞에 모여서, '실행 내용'과 그 결과로 발생하는 문제들에 관해 이야기한다. 그리고 겉모습만 몇 가지를 바꾸고, 새로운 전문 용어를 사용하여 그것을 명명하고는 변화를 끌어 냈다고 믿는다.

실제적인 변화는 전혀 일어나지 않았다. 심층적인 이해를 바탕으로 한 근본적인 변화가 아니라면 오래된 시스템이 그대로 남아있는 것이다. 단순히 겉으로 변했다는 인상만 남겼을 뿐 예전의 관행이나 절차 위에 약간의 분칠을 한 것에 지나지 않는다.

아마도 사람들은 린 시스템이 여러 곳에서 성공적으로 활용되어 왔다고 주장할 것이다. 몇몇 비즈니스 영역에서 린 시스템을 채택한 이후 효율성이 증대되어 왔다는 것은 정말 맞는 말이다.

영국의 학자인 조 라드노Zoe Radnor와 스테판 오스본Stephen Osbourne은 공공 영역에서 린 시스템이 적용된 사례를 면밀히 살펴보았다. 그들은 린 시스템이 효율성의 향상을 가져왔다는 결과를 보여주는 몇 가지 사례를 발견했다. 그러나 이러한 결과가 얻어진 것은 해당 조직이 린 시스템의 도입과 함께 자체적으로 내부 실행과정을 점검하였기 때문이라고 설명했다. 내부 절차들을 점검하면서 사람들은 더 효율적인 방법을 찾아보고, 가장 쉬운 방법이나 달성 가능한 목표를 정한 것이다. 방법과 무관하게 내부 실행 절차와 과정을 개발하면서 나타난 결과물이다. 이런 경우라면 무슨 시스템을 적용하던지, 혹은 시스템이 전혀 없더라도 비슷한 결과를 얻을 수밖에 없었을 것이다.

라드노와 오스본은 린 시스템을 적용하면서 기본 원칙과 상황적 맥락을 충분히 고려하지 않은 채, 기술적인 측면에만 초점을 맞추는 경우가 많았다고 지적했다. 린 시스템은 민간 영역과 제조업 분야에서 시작된 것이다. 서비스 영역과 공공 영역처럼 맥락이나 조건이 다른 상황에서는 심사숙고하여 적용해야 한다.

때때로 나는 "어떤 도구를 사용해야 하나요?"라는 질문을 받는다. 그러면 나는 가끔 짜증스럽게 대답한다. "해왕성-18번이요." 그러면 사람들은 진지하게 "그거 한번 찾아봐야겠네요."라고 말하면서 메모를 한다. 그리고 그것이 내가 즉석 해서 지어낸 단어라는 것을 알게 되면 약간 실망한다. 내가 아무렇게나 지어낸 이름을 신뢰할 만한 방법이라고 여길 만큼 그들은 이상할 정도로 진지하다. 내가 말하려는 핵심은 방법이 중요한 것이 아니라는 것이다.

도구와 방법은 우리가 하고 있는 작업을 제대로 파악한 상태에서 보조적인 수단 정도로만 여긴다면 유용하겠지만, 그것이 해결책을 제시해주지는 않는다. 스스로 해결책을 발견하고 나서, 도구와 방법의 도움을 받으면 더 쉽게 일을 처리할 수는 있다. 최고의 연장을 사용한다고 훌륭한 목수가 되는 것이 아닌 것처럼 말이다. 숙련된 목수는 형편없는 연장을 가지고도 작업을 잘 할 수 있다. 좋은 연장은 일을 더 수월하게 할 수 있게 해주지만, 그것이 기술이나 지식의 원천은 아니다.

목공 과제를 수행하기 위해서는 어떤 연장을 사용하든지 간에, 거기에 필요한 목공 기술을 습득해야 한다는 것이 핵심이다. 이 기술을 완전히 습득한 후에야 어떤 도구가 어떤 상황에서 가장 효과적인지 깨우치게 된다.

지식의 저주

    무언가를 안다는 것은 좋은 일이다. 그러나 어떤 것을 앎으로 인해 당신도 '지식의 저주'라는 저주에 걸릴 수 있다. 일단 어떤 것을 알게 되면 그것을 모른다는 것이 어떤 것인지 이해할 수 없는 상태가 된다는 말이다.

    확실히 우리는 어떤 것을 다른 사람에게 설명할 때 이런 식으로 생각하거나 말했다. "네, 물론 쉽게 이해하기는 어렵겠지만" 우리는 상대방이 세상에서 제일 간단한 것도 이해하지 못하는 상황 때문에 짜증이 난다. 나 자신도 그렇게 생각하고 말할 때가 있다. 아주 안타까운 상황이다.

    그러나 돌이켜보면 나도 지금은 당연하다고 생각하는 어떤 것에 대해, 이미 수개 월 동안 생각해왔다는 것을 알아야 한다. 나는 그것을 마음속에서 뒤집어 생각해 보기도 하고, 다른 방식으로 생각해 보기도 한 결과로 명확하고 틀림없다는 결론에 도달한 것이다. 그런데도 지금 그 내용이 나에게는 분명하다는 이유로, 다른 사람도 몇 분 안에 같은 수준으로 이해해주기를 기대한다. 나조차도 그것을 이해하기 위해 몇 분보다는 훨씬 더 긴 시간이 필요했었다는 사실을 놓치고 있다. 그런데 어떻게 다른 사람들은 그것을 이해하지 못할까? 왜냐하면 그들은 여전히 안개를 바라보고 있기 때문이다.

나는 오래전에 정치학 강의를 듣던 때를 아직도 기억하고 있다. 당시 강의를 하던 교수는 아는 것이 정말 많았다. 그는 우리를 이해시키기 위해 칠판에 그림들도 그렸다. 그러나 나는 아무것도 이해하지 못했다. 나에 대해서 혼란스럽고 확신이 안 선 상태에서, 쉬는 시간에 다른 여학생에게 내용이 이해되는지 물어보았다. 그 학생도 이해가 안 된다고 했다. 그때서야 기분이 좀 편안해졌지만, 결과적으로 머리에 남는 것이 하나도 없었다. 그 교수는 신입생을 가르치기에 적합한 사람이 아니었다. 그는 완전히 다른 수준의 사람이었고 우리 같은 초보의 입장을 전혀 이해하지 못했다. 그는 바로 지식의 저주로 고통 받는 사람이었다.

지식의 저주는 조직 내에서 경영진들이 조직의 메시지를 전달하는 데에 왜 어려움을 겪는지에 대한 설명이 될 수 있다. 때로 경영진들은 비전, 미션, 가치 또는 슬로건을 만들어 내고 조직의 목표와 야망, 그리고 정신을 제시한다. 대개 짧고 함축적인 구호의 형태로 나온다. 이러한 언어들을 만들어내기 위해 수개월 동안 작업해 온 경영진에게는 그것들이 무엇을 의미하고, 무엇을 하고자 하는지가 분명할 것이다. 그리고 난 뒤 조직 구성원들에게 그것들을 소개하고 설명하고 발표하고 나면, 다들 이해할 것이라고 기대한다. 물론 대부분의 경우, 조직 구성원들은 제대로 이해하지 못한다.

지식의 저주에 맞서기 위해서는 먼저 그런 것이 존재한다는 것을 인정하고 이해해야 한다. 우리도 그 영향을 받기 때문에 알고 있는 것을 한꺼번에 가르치려고 하지 말아야 한다. 자동차를 한 번도 본 적이 없는 사람에게 자동차가 무엇인지 알려줘야 한다면, 변속기가 어떻게 작동하는지부터 상세히 설명해줄 필요가 없다. 쉽고 가볍게 시작해서 하나씩 설명을 늘려가야 한다. 듣는 사람에게 시간을 주는 것도 좋다. 새로운 통찰력을 얻기 위해서는 지식도 필요하고(받아들일 수 있을 만큼만), 이를 되새김질 할 수 있는 기회, 그리고 가급적이면 다른 사람과의 토의도 필요하다.

지식의 저주는 무식한 사람이 전문가보다 똑똑해 보이는 변형된 모습으로 나타나기도 한다. 한 때, 나는 상사가 나와 내 동료가 작성한 긴 보고서를 보고 순식간에 실수와 허점을 파악해 내는 모습에 큰 감명을 받았다. 그들은 부족한 부분을 손가락으로 정확하게 가리키면서 지적을 했다. 그로부터 한참의 세월이 흐른 후, 나도 이러한 능력이 있다는 것을 발견했다. 나도 다른 사람의 업무에서 부족한 부분을 아주 신속하게 발견해 냈다. 그리고 신참자의 보고서에서 허점과 문제점을 파악하는 것은 특별히 별난 기술이 아니며, 어느 정도 경력이 쌓이면 누구나 가능하다는 것을 알게 되었다.

지식은 생각을 돕는다

우리의 사고방식은 이미 가진 지식과 앞으로 선택하여 갖게 될 지식의 영향을 받는다. 이처럼 생각하는 방식과 지식은 계속 영향을 주고받는다. 과거의 잘못된 판단을 애써 덮기 위해 새로운 지식을 장애물이나 잘못된 것으로 여기는 잘못을 범하지 않아야 한다. 우리는 항상 무언가 실수하기 마련이다. 새로운 지식은 기쁨의 원천이어야 한다. 예전에 이해하지 못했거나 오해했던 것들을 이해하게 되는 것은 축하받을 만한 일이다.

따라서 우리는 항상 뭔가를 새로 배우는 데 시간을 투자하여야 한다. 누구도 완벽하지 않고, 오해를 하거나 일을 그르칠 위험을 피해갈 수도 없다. 우리는 쉽게 망각하고 잘못된 생각을 한다. 우리는 인간이다.

지식이 쌓이면, 우리는 나름의 관점을 갖게 된다. 실상 우리가 알고 있는 것은 어떤 것의 일부에 불과한데도 우리는 자신이 많은 것을 알고 있다고 쉽게 착각하는 경향이 있다. 어설프게 아는 것이 오히려 우리를 오만하게 만든다. 차라리 모르는 것이 대충 아는 것보다 나을 수도 있다. 그래도 지식은 많을수록 좋은 것은 사실이다. 지식이 많이 쌓일수록 자신이 모르는 것이 생각보다 많다는 것도 깨닫게 되고, 오히려 겸손하게 된다. 그리고 세상을 있는 그대로 겸허한 자세로 바라보게 된다. 세상은 복합적이고, 이해하기 어려우며, 단순하지도 않고, 명확하지도 않다는 것도 알게 된다.

새로운 지식은 우리가 새로운 방식으로 생각할 수 있게 해준다. 물론 어렵다. 우리들 가운데는 티코 브라헤와 더 닮았고, 요하네스 케플러와는 많이 다른 사람들이 많다는 점도 받아들여야 한다. 우리는 세상을 우리가 가진 선입견에 끼워 맞추려고 한다. 그것은 정상적인 인간의 행동이다. 우리가 그런 존재라는 것을 인식하는 것만도 다행스러운 일이다.

누구나 새로운 것을 배우면, 자신이 어떤 선입견을 품었는지 알게 되고, 그것을 어렵지 않게 바꿀 수 있다. 그러나 지식을 갖는 것만으로는 충분하지 않고, 지식을 많이 쌓는다고 해서 우리가 뭔가를 이해하고 변화시키는 데에 반드시 도움이 되는 것도 아니다. 생각하는 방식도 중요하다. 이것을 이해하기 위해서 다음 두 장에서 우리는 성냥개비 퀴즈도 풀어보고, 개발도상국들이 존재하지 않는 이유도 알아보고, 생각의 결과로 부를 거머쥔 사람들에 대해서도 탐구하게 될 것이다.

역동적 사고

티코 브라헤는 지구가 우주의 중심이라는 생각을 고수했고, 행성들이 원 궤도를 따라 돌고 있다는 주장을 포기하지 않았다. 그는 자신이 생각한 이상적인 이미지에 세계를 끼워 맞추려 했다. 증명된 사실에 맞게 그의 세계관을 바꾸는 것이 자연스럽고, 확실한 방법이었을 것인데 말이다. 하지만 그것이 말처럼 쉽지는 않다. 인간이란 존재는 이미 뇌리에 박힌 관념과 자신만만한 생각들을 쉽게 버리지 못한다. 우리도 사실들을 나의 선입견과 맞추고 싶어 할 뿐, 선뜻 그 반대로 행동하고 싶어 하지 않는 경우가 많다.

역동적 사고란 습관적인 사고방식을 버리고, 과감히 질문을 던져보고, 상황을 여러 각도에서 바라보면서 새로운 관점을 얻으려고 노력하는 것이다.

'상자 밖에서 생각하기'라는 표현은 말 그대로 역동적으로 생각한다는 의미이다. 듣기에는 그럴듯하고 대단해 보이지만, 우리는 이런 표현을 접하면서 어떤 정해진 틀의 안에 갇히느냐, 벗어나느냐 하는 정도밖에 생각하지 못한다. 그러나 상자에서 벗어나는 것 말고도, 정해진 사고의 한계를 움직여 상자의 크기를 키울 수도 있고, 아예 없애버릴 수도 있다. 요하네스 케플러는 그가 화성 행성의 궤도에 관한 실험을 수행할 때, 자기 생각이 선입견의 제한을 받지 않도록 노력했다. 그는 고정된 사고의 한계를 벗어나 새롭게 사고하면서, 완전히 새로운 다른 한계를 만들어냈다.

역동적 사고는 자유롭고 유연하게 생각하는 것이다. 언제라도 관점을 바꾸고 생각하는 방식을 바꿀 수 있는 상태이다. 반면 일차원적 사고는 그와 정반대이지만, 더 간단하고 편안하기 때문에 사람들은 이것을 더 선호한다.

일차원적 사고는 세상이 항상 동일한 상태를 유지할 것이라는 단순함에 기반을 둔 사고이다. 인생은 정적이고 예측 가능하다고 믿는다. 변화무쌍한 복합적인 세상에서 살아남으려면 이런 단순하고도 예측 가능한 경험 법칙도 때로는 필요하다. 이 세계가 항상 어떻게 돌아가고 있는지 의문을 품고 탐구하는 것도 매우 고단하고 많은 시간을 소모하는 일이기 때문이다. 일차원적 사고는 단순하고 효율적이고 편하기도 하다. 심지어 그럭저럭 잘 들어맞기까지 한다.

문제는 이런 방식으로 생각하는 데 익숙해지면, 타성에 젖어 질문도 하지 않게 된다는 것이다. 따라서 우리는 무언가가 자기 생각과 다를 수 있다는 사실을 알려주는 신호에 항상 주의를 기울이고, 새로운 지식과 아이디어를 수용하는 것이 중요하다.

일차원적 사고를 고수하면서 무언가를 바꾸어 보겠다는 말은 결국 이미 지금 하고 있는 일을 반복하겠다는 것과 같다. 물론 이것이 반드시 잘못된 것은 아니다. 하지만 이런 식의 변화라면 더 심사숙고하라는 경고 신호가 바로 울린다.

어떤 것에 대해 예측하면서 '모든 조건이 동일하다면'이라는 따위의 말을 자주 한다면, 그것은 우리가 일차원적 사고를 하고 있다는 신호이다. 우리는 자주 모든 조건이 동일하다면 C라는 변화^{Change}가 일어나면 R이라는 결과^{Result}에 도달해야 한다고 말한다. 그러나 현실적으로 그런 경우는 극히 드물다. 차라리 '모든 조건이 동일한 경우는 없다.'라고 생각하는 것이 훨씬 낫다.

잘 알려진 역사적 사례를 살펴보자. 1939년 9월 1일, 히틀러^{Hitler}는 폴란드를 침공하면서, 독일이 과거에 오스트리아와 체코슬로바키아 영토 일부를 합병했을 당시 영국과 프랑스가 어떻게 대응했는지를 떠올리고, 두 나라가 이번에도 똑같이 대응할 것이라고 예상했다. 당시 영국과 프랑스는 전쟁을 피하고 싶어서 히틀러의 침공을 묵인했고, 히틀러는 그들의 침묵에 한껏 고무되었었다. 그러나 영국과 프랑스는 과거의 사건에서 교훈을 얻고, 과거와는 다른 방식으로 대응하기로 결정했다. 9월 3일, 두 나라는 독일에 선전포고했다.

역동적 사고는 내 머릿속의 생각을 다각도로 살펴보고, 질문을 해보고, 지경을 넓히는 활동이다. 나심 니콜라스 탈레브는 내가 좋아하는 사상가이다. 그는 자신의 책에서 존 토니 박사와 뚱보 토니 두 사람을 향해 질문을 던졌다. 존 토니는 뛰어난 학자지만 뚱보 토니는 경험이 풍부한 사람이다. "내가 아주 완벽한 동전을 가지고 있다고 상상해봅시다. 앞면과 뒷면이 나올 확률은 정확하게 같습니다. 그런데 내가 99번을 던졌더니 공교롭게 모두 앞면이 나왔습니다. 그렇다면 백 번째 던질 때 뒷면이 나올 확률은 얼마일까요?"

존 토니 박사는 50퍼센트라고 말했다. 그는 그동안 뒷면이 너무 안 나왔기 때문에, 뒷면이 나올 확률이 더 높다고 말하려는 함정을 피한 것이다. 동전에는 기억능력이 없다. 매번 던질 때마다 어느 특정 면이 나올 확률은 50퍼센트이고, 그의 답변은 수학적으로는 옳은 답변이다. 반면 뚱뚱한 토니는 뒷면이 나올 확률은 1퍼센트 미만이라고 했다. 그는 동전이 완벽하다는 주장은 허풍에 불과하다고 말했다. 연속으로 99번 앞면이 나온다는 것은 이론적으로는 가능하지만, 실제로 일어날 가능성은 매우 적다. 그러므로 아마도 속임수를 쓰고 있을 가능성이 더 높다고 생각한 것이다.

중요한 것은 무엇이 옳고 그르냐가 아니라, 관점과 태도, 그리고 사고방식에 관한 문제이다. 우리는 이미 정해진 공식과 가정들을 당연하게 받아들이기 쉽다.

영국의 추리 소설 작가 애거사 크리스티Agatha Christie의 유명한 소설 『애크로이드살인사건The Murder of Roger Ackroyd』은 대표적인 사례이다. 추리소설에서 보통 살인자는 용의자로 거의 의심 받지 않던 의외의 극중 인물 중 하나로 밝혀지기 마련이다. 바로 이 지점에서 독자는 속게 된다. 대부분의 추리소설에서 범인은 의심의 대상에도 끼지 않던 인물이지만, 아가사 크리스티는 이러한 불문율을 깨뜨린 작가이다. 그녀는 통상적인 공식에서 벗어나는 모험을 시도했다. 그녀가 쓴 연극인 『쥐덫The Mousetrap』에서도 같은 시도를 했다. 결과는 놀라웠다. 범인이 누구인지 여기에서 말하지는 않겠지만, 여러분이 보통 살인자를 추측하는데 어떤 사고방식을 이용하는지 신중하게 생각해 보기 바란다. 범인 후보를 찾는 과정에서 등장인물들을 모두 의심해 보는가? 제외한 인물이 있는가? 그렇다면, 그 이유는 무엇인가?

자, 이제는 성냥개비 퀴즈를 풀어 볼 시간이다. 원하는 결과를 얻기 위해 미리 배열되어 있는 성냥 가운데 일정한 개수의 성냥을 옮기는 문제이다. 나는 이 문제를 독자들에게 풀어보라고 하고 싶다. 아래의 성냥개비 6개 가운데 3개를 움직여 4개의 삼각형을 만들어보라.

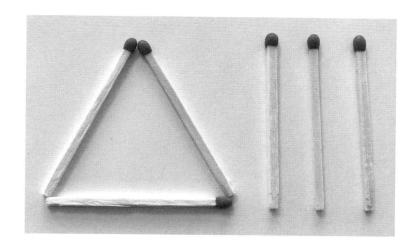

우리가 할 일은 위에 보이는 삼각형과 같은 크기의 삼각형을 3개 더 만드는 것이다. 6개의 성냥개비로 같은 크기의 삼각형 4개를 만드는 셈이다. 성냥개비를 가지고 시도해보아라. 아니면 실제 성냥개비 없이 생각만 해 볼 수도 있다.

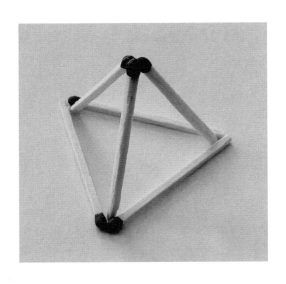

　사진에서 보듯이 성냥개비 6개로 삼각형 4개를 만들 수 있다. 이를 위해서는 3차원적으로 생각하는 능력이 요구된다. 대부분의 성냥개비 퀴즈들은 2차원적 문제들이기 때문에 사람들은 이 문제를 어렵게 느낀다. 대개의 성냥개비 퀴즈가 2차원적이기는 하지만, 반드시 그래야만 한다는 규칙은 없다. 이 문제의 해결하려면, 우리가 더는 2차원적 사고에 갇혀 있을 필요가 없다는 사실을 깨달아야 한다. 이미 갇혀 있던 사고의 한계에서 벗어나지 못하면 문제는 풀리지 않는다.

　사고의 한계에 갇히면 분명한 사실도 보이지 않는다. 통상적으로 그러하기 때문에, 모든 문제도 그러한 방식으로 해결되어야 한다고 생각하거나, "왜 안 돼?"라는 질문을 해보지도 않고 "난 할 수 없어."라고 무의식적으로 생각해 버린다. 그래서 아주 제한된 한계 안에서만 살인자를 추적하게 되고, 범인을 눈앞에 두고도 알아채지 못하게 된다.

내가 국세청에서의 근무하던 초창기의 일을 소개해 보고 싶다. 사소한 일화이지만 나는 거기서 아주 귀중한 교훈을 얻었다. 당시 선임 매니저로 일하던 나는 특정 유형의 사건일지에 '05'라고 적혀 있는 것을 보았다. 그 이유가 궁금했지만 아무도 몰랐다. 나는 동료 매니저들에게 같은 질문을 했지만 역시 아무도 몰랐다. 나는 그렇다면 앞으로는 그 표시를 하지 말자고 제안을 했다. 반대가 거셌다. 다들 "그렇게 못해.", 아니면 나도 즐겨 쓰는 말이지만 "우리가 모르는 무슨 이유가 있을 거야."라고 말했다.

누가 보기에도 불필요해 보이는 일임에도 그만둘 생각이 없었다. 누구도 여기에 대해 제대로 알아보려고 하지도 않았다. 얼마 되지 않아 나는 이런 관행이 이전에 사용하던 일지 시스템에서 특정 사건을 분류하기 위해 사용하던 특수 기호라는 사실을 알아냈다. 이제는 필요 없는 것이었다. 대단한 사건은 아니었지만, 당시 이 일은 나에게 강렬한 인상을 남겼다. 실제 상황이 어떠한지 스스로 질문하고 알아보는 것이 중요하다는 것을 배웠다.

보통 우리는 생각의 사슬에 갇히기 쉽다. 이것을 끊어 버리기 위해서는 의식적인 노력이 필요하다. 다양한 회의나 워크숍 등을 통해 상황을 파악하려 하거나 문제를 해결하려면, 새로운 생각이 중요하다. 내 경험을 미루어볼 때 대부분 워크숍 리더들은 지금까지와 동일한 패턴을 따르려고 한다. 워크숍은 참가자들이 미팅에 대한 기대감을 발표하면서 시작된다. 참가자의 의견을 소개하는 것뿐만 아니라 사실 모두가 한 마디라도 할 기회를 주기 위한 것이다. 참가자가 말을 시작하면 나중에 토의를 진행하는 것이 더 수월해지기 때문이다. 좋은 생각이다. 그러나 다른 면에서는 참가자에게 미팅에 갖는 기대감에 대해 말을 하게 하는 것은 좋은 생각이 아니다. 기대감을 말하게 되면 워크숍 진행자는 그 사슬에 묶이게 되어, 거기에 맞추어 진행하게 된다. 워크숍 진행자가 그런 기대에 부응하고 싶어 하다 보니, 워크숍이 끝나면 기대치에 부합하는 결과가 나오는 것이 당연하다. 그리고 워크숍 진행자는 그날의 논의가 성공적이었다고 결론을 내리는 모습을 보게 된다.

이런 식으로 하면 절대로 참신한 생각이나 질문이 나올 수가 없다. 모인 사람들이 함께 머리를 맞대고 새로운 통찰을 도출해냈더라면 더 좋았을 것이다. 워크숍 진행자나 참석자들은 모두 미리 정해진 결론에 도달하는 것을 피하려면, 갇혀 있던 생각의 사슬에서 벗어나기 위해 의식적으로 노력해야 한다.

복합성을 받아들이기

    역동적 사고는 우리가 살고 있는 세상이 복합성을 띠고 있다는 사실을 인정하는 데서 출발한다. 그 사실을 받아들이고 나면, 복합성을 이해하는 것이 그다지 어렵게 느껴지지 않을 것이다. 복합성이 어렵다는 의미일 필요는 없다.

    오히려 복잡한 것이야말로 정말 어렵다. 세상이 복잡하다고 가정하고 1차원적 사고로 세상을 이해해 보려 한다면 난관에 계속 부딪힐 것이다. 다시 세상이 복합적이라고 가정하고 역동적 사고로 이해한다면 훨씬 쉬워질 것이다. 이것을 설명하기 위해 역동적 사고와 복합성을 특징으로 하는 4가지의 사고방식을 살펴보고자 한다.

1. 부분이 아닌 전체를 보라.

    한 마리의 말을 생각해보자. 그것이 어떤 종류의 말인지 어떻게 알 수 있을까? 말을 여러 부분으로 나누고, 각 부분을 따로따로 이해하려는 시도는 1차원적 시도이다. 이것을 환원주의[3]적 분석이라고 할 수 있다. 유용한 방법일 수도 있다.

그러나 이런 분석 방식은 복잡한 대상물을 분석하는 데는 유용하나, 복합적인 대상물에는 적절하지 않다. 말은 신체와 장기 등에 따라 여러 개의 작은 부위로 나눌 수 있다. 말은 다리, 귀, 심장, 폐 그리고도 수많은 다른 부위로 구성되어 있다.

그러나 이 점에 대해서는 말과 당나귀가 다른 점이 있을까? 말을 더 작은 부분으로 나누면 어떻게 될까? 한없이 나누다 보면, 말은 엄청난 수의 아주 작은 세포로 구성되어 있고, 이들 세포는 다른 세포들과 큰 차이가 없다. 이들 세포는 또다시 수많은 분자로 나뉘고, 그것은 다시 또 많은 수의 원자로 나뉜다. 말의 몸속에서 가장 흔하게 발견되는 원자는 탄소 원자이다.

그것은 당나귀나 인간도 마찬가지이다. 이렇게 환원주의적 분석법을 사용하면 말에 대한 인간의 이해도가 높아질까? 약간의 정보를 얻을 수는 있지만, 말이라는 생명체를 본질적으로 이해하는 데에는 별로 도움이 안 된다. 각각의 조각을 이해하는 것이 중요한 것이 아니라, 말 전체를 이해해야 한다.

2. 인과관계는 단순하게 이어지지 않는다.

화분에 담긴 화초를 생각해보자. 물을 주면 잎이 자라고 성장한

----

3   어떤 대상을 세분화하고 명확하게 정의하면 전체를 이해할 수 있다고 주장하는 이론 - 옮긴이

다. 물은 원인이고, 결과는 크고 건강한 화초이다. 하지만 물을 너무 많이 주면 화초가 죽을 수 있다는 것도 알고 있다. 물은 원인이고 결과는 죽은 화초이다.

세금의 경우는 어떠한가? 의회가 소득세 인상법 안을 통과시키면 무슨 일이 일어나는가? 재무부는 아마도 세수를 더 확보하게 될 것이다. 사람들은 노동의 의욕을 좀 더 잃을지도 모른다. 그러나 그 세금이 시민의 교육에 사용된다면 어떤 일이 일어나는가?

아마도 사람들의 교육 수준은 높아지고, 그 결과 더 많은 일을 해낼 수 있을 것이다. 소득세율이 오르면 어떤 결과가 발생할지는 쉽게 답하기 어렵다. 결국 정답은 "상황에 따라 다르다."이다. 세법이 어떻게 바뀌고, 얼마나 세수가 늘어나고, 그것이 어떻게 사용되는지에 따라 결과는 다르다. 다시 화초를 생각해보자. 화분의 흙이 이미 물에 젖은 상태일 때와 흙이 말라 있을 때, 물을 주는 행위의 결과는 크게 다르다. 절대적으로 중요한 것은 상황이나 맥락이다.

그러므로 원인과 결과는 단계마다 수시로 확인되어야 하며, 시간이 지나고 상황이 바뀜에 따라 계획도 수시로 변경되어야 한다. 복합적인 세계란 정적이지 않고, 역동적이기 때문이다.

3. 모든 것은 그대로가 아니라 변화는 계속 일어난다고 가정하라.

자동차 모터를 생각해보자. 움직이는 부분도 있지만, 움직인다고 변형되는 것은 아니다. 오히려 예상했던 대로 작동한다. 그러므로 모터는 1차원적 사고만으로도 충분히 이해할 수 있다. 그 이유는 자동차의 내부가 복잡하기만 할 뿐, 복합적인 것은 아니기 때문이다.

이와 달리 살아있는 수많은 생명체로 구성된 세상은, 식물이든 납세자이든, 다른 생명체의 움직임과 환경에 대응하여 계속 변하고 있다. '세계의 역동성'이라는 용어에는 끊임없는 변화와 활동성이라는 속성이 반영되어 있다.

4. 행동보다는 상호작용에 주목하라.

벌을 생각해보자. 벌은 주변의 환경과 다른 개체에 반응하여 행동한다. 예를 들자면, 벌은 마치 춤을 추듯 움직인다. 그 춤은 꿀을 발견한 동료들과 소통하는 그들만의 대화방식이다. 벌을 이해하려면 벌 하나하나의 행동을 연구하는 것만으로 충분하지 않다. 벌들이 어떻게 함께 행동하는지 이해해야 한다. 그들의 행동을 이해하려면 그들이 환경이나 다른 벌들과 어떻게 상호작용을 하는지 이해해야 한다.

세상은 역동적이다

경제학자들에게 공급과 수요, 그리고 가격 사이의 상호작용은 고려해야 할 가장 기본적인 요소이다. 특정 상품 수요가 공급보다 많으면 가격은 상승한다. 반대로 공급이 수요보다 많으면 가격은 하락한다. 워낙 합리적이고 간단한 연관 관계이기 때문에 어디에 적용해도 무리가 없다.

그러나 예외가 있기 마련이다. 베블런재Veblen products가 바로 그런 예이다. 이 명칭은 사치재 소비 이론을 정립한 미국 경제학자 소스타인 베블런Thorstein Veblen의 이름을 딴 것이다. 사치 상품은 가격이 올라가면 오히려 수요가 증가하는 경향이 있는데, 이는 그 상품이 신분과 부를 과시하는 수단이 될 수 있기 때문이다. 대중들은 소수만이 그 상품을 소비할 수 있다고 생각하기 때문에, 오히려 더 갖고 싶어 하고, 그것을 소유한 사람은 선망의 대상이 된다.

반대의 개념으로는 스코틀랜드 경제학자 로버트 기펜Robert Giffen의 이름을 딴 기펜재Giffen product가 있다. 이 경우에도, 가격이 오름에도 불구하고 수요가 증가하지만, 빈곤이 수요에 미치는 영향의 결과로 나타나는 현상이라는 것이 다르다. 가난한 사람들에게 빵은 생존을 위한 필수 상품이기 때문에, 그들은 수입의 상당 부분을 빵 구매에 사용하는 반면, 육류 등의 구매를 위해서는 수입의 극히 일부만 지출한다. 그래서 빵 가격이 오르면, 가난한 사람은 육류 구매를 포기하고, 가진 돈을 빵을 사는데만 사용하고, 예전보다 더 빵에 집중하기 때문에 빵의 소비도 늘어난다.

예외적인 현상은 대개 너무 비정상적이거나 사소한 일이기 때문에, 무시한다고 해서 잘못된 결론에 다다르지는 않는다. 하지만 예상치 못한 사건이 엄청난 결과를 불러 올도 수 있기 때문에, 그런 일이 일어날 가능성을 무시하는 것은 큰 실수이다. 자연재해나 전쟁, 테러 공격 등은 예측하기는 어렵지만, 한번 발생하면 우리에게 엄청난 영향을 미친다. 실제로 눈 앞에 펼쳐지기 전까지는 상상도 해 본 적이 없던 발명이나 발견도 마찬가지이다.

나심 니콜라스 탈레브의『블랙 스완The Black Swan』은 바로 이러한 주제를 다룬다. 이 책의 영향으로 흔히 일어나지 않는 예상치 못한 현상이 엄청난 결과를 초래하는 경우를 일컬어 '블랙 스완'이라는 표현을 사용하게 되었다. 유럽인들은 호주에 오기 전까지는 모든 백조는 희다고 생각했다. 유럽인들의 머릿속에는 검은 백조라는 것이 존재할 수가 없었다. 우리의 세계관은 관찰하고 아는 것에 기초를 두고 있기 때문이다. 그러나 검은 백조는 실제로 있었다. 탈레브의 이론은 사람들이 경험과 역사에 근거해 행동하기 때문에 검은 백조의 존재 가능성을 간과했다는 것이다.

결론을 이야기하자면, 가장 극단적인 사건보다 더 극단적인 사건까지 포함해서, 도저히 일어날 수 없을 것 같은 사건조차도 일어날 가능성은 분명히 있다는 것이다. 사실 너무나도 중요하지만, 일어날 가능성이 너무 작아서 그 가능성을 고려하지 않거나, 미처 예측하지 못하는 일 조차도 느닷없이 일어날 가능성은 분명히 있다. 충분히 무시해도 좋을 만한 사건들이 매우 많다는 것은 그들 가운데 어떤 사건이 하나, 또는 그 이상 발생할 가능성이 있다는 것을 의미한다.

한 장의 복권이 당첨될 확률은 매우 낮다. 그러나 만일 발매 된 복권을 모조리 다 산다면 당신의 당첨 확률은 100퍼센트가 된다. 현실적으로는 한 회에 발매된 복권을 다 산다는 것은 불가능하지만, 매회 꾸준히 일정한 양의 복권을 살 수는 있다. 이 때 복권의 당첨 확률은 매우 확률이 낮은 제비뽑기처럼 낮을 것이다. 구입한 대부분의 복권이 당첨되지 못하겠지만 그래도 매회 꾸준히 일정량의 복권을 구입한다면, 대개는 당첨되지 않겠지만, 그중 하나 정도가 당첨될 가능성은 그만큼 커진다.

폭넓게 생각하기

우리 인간에게는 패배를 기피하려는 속성이 있다. 패배가 전혀 이상하지 않은 상황에서도 패배를 인정하려 하지 않는다. 하지만 우리가 지는 것 자체를 싫어하는 것은 맞긴 하다. 어쩌면 이겨서 좋아하는 것보다, 져서 속상해하는 감정이 더 크다.

그래서인지 승리를 다루는 방식은 패배를 다루는 방식과는 아주 다르다. 도박에서 이겼다고 치자. 우리는 도박으로 딴 돈을 보너스 정도로 여기고, 더 큰 위험을 감수하고서라도 더 큰 수입을 노리며, 그 돈을 가지고 도박을 계속하려 할 것이다. 이와는 반대로 도박에서 돈을 잃었다면? 대개는 도박을 바로 중단할 것이다. 우리가 승리와 패배를 바라보는 방식은 보통 도박을 시작할 당시의 상황에 따라 결정된다. 우리는 저마다 다른 방식으로 돈을 생각한다. 그야말로 '머릿속 계산법'이다. '원래 나의' 돈으로 도박을 하든지, '내가 딴' 돈으로 도박을 하든지 상관 없이 위험을 똑같이 평가하는 게 맞다. 당신은 어떤가?

나심 니콜라스 탈레브는 그의 책 『스킨인더게임Skin in the Game』에서 이러한 상황을 묘사하고 있다. 이러한 행동방식은 사실을 바탕으로 잘 기술되어 있다. 그렇다면 그 사실은 무엇을 의미하는가? 탈레브는 인간들이 조사되고 확인되지 않은 모든 요소가 무시되는 제한된 실험 공간이 아닌, 실제 세계에서 행동하는 점을 고려할 때 이러한 행동들은 사실상 합리적이라고 주장한다.

앞 장에서 언급한 대로 탈레브는 우리 인간은 본능적으로 파악한 작은 가능성을 지나치게 확대하여 해석하려는 경향이 있다고 말한다. 실제로 내일 출근하면 하루 동안, 가능성은 작지만 수많은 좋지 않은 일들이 일어날 수 있다. 몸이 아플 수도 있고, 해고될 수도 있다. 출근 도중 사고가 발생할 확률은 0.5퍼센트 밖에 안 된다. 높지는 않지만, 내일 사고가 일어날 가능성은 결코 무시할 정도로 낮지는 않다. 게다가 매일 출근해야 하고, 그 사고 말고도 수많은 다른 나쁜 일들이 일어날 가능성이 작지만 분명히 있다면, 0.5퍼센트라는 가능성은 대수롭지 않게 넘길 수 없을 정도로 높은 확률이다.

작은 확률을 과대평가하면, 굳이 여러 가지 어려운(거의 불가능한) 분석을 해 볼 필요도 없이 그 가능성에 대비할 수 있다. 반복된 경험의 축적에 의해 복합적인 세계에서 발생하는 어떤 상황에 대해 현명하게 행동하고 대응할 수 있는 것도 인간이 진화한 결과이다. 우리가 확실한 경험을 토대로 현명하게 행동할 수 있게 된 것도 진화의 결과이다. 매우 합리적이라고 할 수 있다.

탈레브가 말하고자 하는 것은 우리가 지금 현재 처한 한 가지 상황만을 보고 판단하지 말고, 현재 확인할 수 있는 내용과 주변 상황뿐 아니라, 미래에 발생할 것으로 예측되는 상황까지 종합하여 판단하라는 것이다. 거기에는 많은 불확실성이 존재할 것이므로, 이러한 미래의 미지 상황에서 예측되는 위기를 '과대평가'하여 철저히 대비하고, 기회는 충분히 즐기라는 것이다.

사람들이 '비이성적'이라고 여겨지는 행동을 하는 이유는 현재 세상이 어떠하며, 앞으로는 어떻게 될 것인가에 대한 예측이 다르기 때문이다. 혹시 우리가 정상적인 행동을 비이성적이라고 판단한다면, 우리의 생각 자체가 비이성적이거나, 우리 판단의 근거가 수정되어야 한다는 신호일 수 있다. 많은 사람이 어떤 일을 오랫동안 특정한 방식으로 수행해 왔다고 해서 그것이 반드시 올바르다고 할 수 있을까? 그렇다면 진화가 성공적인 방향으로 진행되었다고 말할 수 있을까?

작가이자 경제학자인 리처드 북스테이버Richard Bookstaber는 합리적인 것과 그렇지 않은 것에 대한 전통적인 관념이 점점 좁아지는 경향이 있다고 말한다. 그는 도롱뇽을 예시로 든다. 이들은 파리를 잡는다. 그들은 이 일에 대부분의 에너지를 쏟기 때문에 이왕이면 큰 파리를 먼저 잡아야 한다. 그것이 가장 합리적인 행동이다. 그러나 정작 도롱뇽은 파리를 잡으면서 크기를 따지지 않는다. 그리고 그들은 어떤 식으로든 살아남았다. 하지만 북스테이버는 도롱뇽이 사용하는 전략이 가장 효율적이라고 말한다. 한 마리의 도롱뇽은 모든 상황에 대해서 최적의 분석을 할 수는 없기 때문에 경험 법칙을 충실히 따르는 것이다. 그 법칙에 따라 '가능한 한 많은 파리를 잡는다.' 도롱뇽은 변화된 환경에 적응할 수는 있다. 그러나 도롱뇽이 큰 파리에 집중하게 되면, 주변에 작은 파리들만 잔뜩 있는 상황에서 혼란스러울 수 있다. 그때문에 어떤 상황에서도 적용이 가능한 변하지 않는 규칙에 따르는 동물들이 특정 상황에 맞춰 자신들의 행동을 최적화하려고 노력하는 동물들보다 살아남을 가능성이 크다.

우리 인간도 항상 최적의 분석을 할 수는 없다. 우리도 복합적이고 변화무쌍한 세계에서 생존하려면 단순한 경험 법칙이 필요하다. 그러나 경험 법칙은 때로는 아주 올바른 판단을 하게도 하지만, 때로는 결정적인 오류를 저지르게도 한다. 그러므로 우리가 항상 올바른 판단을 하려면 방대한 정보도 필요하고, 그것을 제대로 처리하고 분석할 수 있어야 한다. 그것이 가능한지도 의문이지만, 가능하다 해도, 조금도 예상하지 못한 상황이 발생할 때는 그조차도 무용지물이다. 실제로 그런 일이 비일비재하다.

어떻게 하는 것이 옳은지 그른지를 가려보자는 이야기가 아니다. 다양한 관점에서 사실과 세상을 바라보는 것이 중요하다. 항상 올바른 관점은 없지만, 상황과 맥락을 다양한 관점에서 바라보는 것은 중요하다. 그래야만 우리는 비로소 새로운 통찰력을 얻게 되고, 미묘한 차이도 찾아내게 된다.

탈레브와 북스테이버의 말은 옳든지 옳지 않든지 상관없이 폭넓게 생각해 보자는 것이다. 좀 깊이 생각하는 것도 좋지만, 그와 동시에 각자의 시야를 넓히고, 판단과 관찰의 대상을 보다 큰 맥락 안에 놓고 판단하는 일도 함께해야 한다는 것이다.

다른 사람의 아이디어에
나를 노출하기

    예술가의 사회적 역할은 우리가 새로운 관점을 만나게 하고, 새로운 방식으로 생각하는 데 도움을 주는 도구를 제공하는 것이라고 흔히 말한다. 예를 들어, 우리 앞에 거울을 세워주면 있는 그대로의 세상을 더 잘 볼 수 있다. 나는 이것이 가치 있는 경험이라고 본다. 우리는 새로운 아이디어와 관점을 얻기 위해 다양한 방법을 동원할 필요가 있다.

    유머도 그러한 역할을 한다. 풍자와 과장은 우리 주위의 것들을 다른 방식으로 보게 만든다.

    비단 예술가들만 새로운 방식으로 생각할 수 있고, 그렇게 해야 하는 것은 아니다. 모두가 그러한 능력을 갖추고 있다. 문제는 우리가 과연 새로운 방식으로 생각하기를 원하고, 과감하게 그런 시도를 하느냐는 것이다. 역동적으로 생각하기를 원한다면 자기 생각을 시험하고 비판하면서 자신을 여러 가지 방식으로 도전적인 충동에 노출해야 한다.

실무그룹이 소위 브레인스토밍을 하려고 할 때 가끔 다른 사람의 아이디어에 대해 비판을 하지 말라는 규칙을 정해 놓는 경우가 있다. 아무리 별로라고 생각해도 말이다. 이것은 그 자체로는 동료에 대한 배려일 수 있지만 좋은 생각은 아니다. 이것이야말로 하나의 문제를 해결하기 위해 또 다른 문제를 만들어 내는 단적인 사례가 된다.

사람들이 자기 생각과 아이디어를 자유롭게 이야기하지 않는 것은 분명히 문제이다. 이러한 문제는 반드시 바로 잡아야 한다. 브레인스토밍에 성공하려면 참가자들이 부정적이든 긍정적이든 타인의 생각에 대한 자신의 견해를 거리낌 없이 말할 수 있어야 한다. 타인의 제안이나 추론에서 약점을 발견했다면 알려주어야 한다. 마찬가지로 누군가 우리의 생각의 문제점을 말해준다면 그것도 받아들여야 한다. 그 결과로 우리는 대상이나 문제를 다각도에서 철저하게 바라볼 수 있고, 더 새롭고 나은 생각으로 이어질 수 있다. 생각을 나누는 것은 개방적이고 자유로워야 한다. 타인의 아이디어도 자유롭게 비판을 할 수 있어야 한다. 물론 아이디어에 대한 비판이 그것을 내놓은 사람에 대한 비판이 되어서는 안 될 것이다.

이와 함께 완전히 잘못되었다고 여겨지는 아이디어와 생각을 급하게 폐기해버리지 않는 것도 중요하다. 잠시 멈추어서 생각하고 황당한 말들이라도 그 속뜻이 무엇인지 궁금증을 가져보라. 아니면 적어도 그 관점에서 세상을 보려고 노력은 해보라. 꼭 그 관점에 동의하지 않더라도 할 수 있는 일이다.

새로운 아이디어를 과감히 받아들임으로써 자신의 관점의 폭을 넓이는 것과는 반대로, 이미 자신이 가지고 있던 기존의 생각에 대한 확신을 강화할 수도 있다. 그러나 이는 새로운 관점을 접하는 데 방해가 될 뿐 아니라, 편협한 사고와 자신만의 극단적인 생각에 갇히게 한다.

새로운 자극을 거부하면 결국 현상 유지만 하게 되고 매우 제한적인 사람이 된다. 요즘은 많은 사람이 이러한 현상을 반향실^{Echo chamber}의 비유로 이야기하곤 한다.

반향실은 관심 있는 주제에 대해 비슷한 견해를 가진 사람들끼리만 모여서 이야기를 나누는 디지털 공간을 일컫는다. 모두가 같은 견해와 관점을 가졌다는 사실, 그 자체만으로도 문제이다. 참석자들이 이미 가지고 있던 생각은 더욱 확고해지고, 결국 모든 사람이 점점 더 극단적으로 변해간다.

결국 극단론은 어떤 극단적인 아이디어를 접했기 때문에 형성된 것이 아니라, 다른 대안이나 반대 의견을 접하지 못했기 때문에 형성되는 것이다. 이것이 디지털 시대 이전에는 없었던 새로운 현상은 아니다. 그런데도 불구하고 디지털 공간에서 나타나는 현상이라고 말한 이유는 비슷한 성향을 가진 사람을 찾고, 만나는 것이 디지털 공간에서는 예전의 다른 곳보다 더 쉽기 때문이다.

비판적인 사고는 항상 중요하다. 사실과 의견을 구별해 내길 바란다. 모두가 자기 의견을 말할 권리는 있지만, 자신만의 사실을 고집하는 것은 조심해야 한다. 사실을 다른 관점에서 바라보는 것은 특별히 중요하다.

멘탈 모델

우리는 가끔 지도를 들여다본다. 지도를 통해 세상을 보고 이해할 수 있다. 지도는 거대하고 한 눈에 파악하기 어려운 것을 축소하여 한 눈에 볼 수 있게 도와준다. 단순화된 이미지를 통해 유용한 도움을 얻는다. 동시에 우리는 지도에서 보이는 것은 현실이 아니고, 현실을 단순화하여 설명해주는 이미지라는 것을 이미 알고 있다. 더 정확하게 말하면 현실의 특정 부분을 보여주는 것이다.

　길을 찾기 위해 지도를 보면, 도로들과 주요한 장소들이 표시되어 있다. 지도를 일기예보에 활용하려면, 지도 위에 풍속과 기압을 나타내는 기호를 표시하면 된다. 지도에서 도로는 붉은 선으로 표시되어 있다. 그러나 실제 도로는 항상 붉은색이 아니고, 지도에서 보는 것보다 더 구불구불하다. 지도에 나오는 붉은 실선의 굵기는 도로 폭에 비례하지 않는다. 지도는 현실을 다 반영할 수 없다. 다 반영한다면 지도가 현실이 될 것이기 때문이다. 그렇게 되면 지도는 길 찾기에 별로 도움이 되지 않을 것이다. 특정한 장소에 대한 단순하고 축소된 이미지는 복합적인 세계를 이해하는 데 아주 유용하다.

멘탈모델Mental model들은 우리가 세상을 이해하고 항해하는 데 사용하는 마음속 지도와 같다. 멘탈모델이 필요한 이유는 그만큼 세계와 인생이 복합적이기에 때문이다. 멘탈모델이 없으면, 우리의 머리는 주변의 수많은 정보와 우리가 생각해 낼 수 있는 모든 가능성으로 인해 마비되어 버릴 것이다. 우리에게는 세상을 체계적으로 설명해 줄 수 있는 간단한 그림들, 개념들, 가정들 그리고 이야기 등이 필요하다.

세상을 이해하고 변화를 만들어내기 위해서는 먼저 우리가 가지고 있는 멘탈모델을 이해할 필요가 있다. 이 모델은 우리가 주변 세계에 대한 인식을 통해 얻어지는 새로운 통찰력을 토대로 꾸준히 갱신되어야 한다. 우리는 세상이 어떻게 돌아가는지에 대해 완전히 정확하고 객관적인 그림을 가지고 있지 않고, 앞으로도 그럴 것이다. 우리는 불가피하게 주관적일 수밖에 없고, 우리의 지식에는 결점도 많다. 새로운 통찰력을 갖기 위해서는 멘탈모델을 계속 갱신할 준비가 되어 있어야 하고, 기존의 멘탈모델을 폐기할 각오도 되어 있어야 한다.

멘탈모델은
어떻게 작동하는가

조직을 어떻게 보는가? 조직을 생각하면 머릿속에 무엇이 떠오르는가? 계층구조(조직도일 수도 있다)? 여러 다른 움직이는 부품으로 구성된 복잡한 기계(시계 메커니즘이나 공장)? 아니면 살아 있는 유기체(단순하거나 더 복잡한 형태의 생명체)? 아니면 전혀 다른 어떠한 것?

조직은 매우 복합적이어서 머릿속에 그것에 대한 완벽한 그림을 담기 어렵다. 조직은 공식적, 비공식적인 규칙과 권력, 지위 등의 요인에 영향을 받으며 상호 작용하는 수많은 사람으로 구성되어있다. 또 조직 안에는 정보와 자금의 흐름이 있고 건물, IT시스템과 기계 장치와 같은 기반 시설도 있다.

자동차나 공장, 공항과 병원 등은 복합적인 구조로 되어 있어서 다양한 관점에서 바라볼 수 있다. 예컨대 함께 일하는 사람들의 그룹, 물류 관리나 재무 흐름, 사회에 미치는 조직의 영향력 등 다양한 관점에서 바라볼 수 있다. 이 모든 관점은 다 올바르며, 더 많은 관점들이 얼마든지 존재할 수도 있다. 이 모든 것들을 다 찾아내서 모두 머리에 기억하는 것은 사실상 불가능하다.

조직은 인류가 만들어 낸 가장 훌륭한 창조물 중의 하나이다. 조직의 목적은 인간 상호 간의 교류를 가능하게 하여, 개인의 힘으로는 불가능한 성과를 달성할 수 있게 해주는 데 있다. 어떤 개인도 혼자서 천연자원을 생산해내고, 많은 부품을 조립하여 현대식 자동차를 만들어낼 수 없다.

조직은 그 구성원 개인이 이루어낼 수 있는 성과의 총합보다 훨씬 큰 것을 이루어낼 수 있다. 그러나 수천 명의 구성원이 세계에 흩어져 있는 조직은 어떤 식으로 작동할까?

역사학자이자 작가인 유발 노아 하라리Yuval Noah Harari는 조직은 인간이 공통의 신화를 믿기 때문에 존재한다고 설명한다. 한 회사나 어떤 종류의 조직도 우리 인간과 같은 물리적인 상태로는 존립할 수 없다. 한 조직은 공동의 목적을 가지고 일하는 여러 인간의 집합체이고, 그 구성원들의 사고의 결정체이다.

인간이 모인 연합체들은 회사이든, 정부 기관이든, 종교 조직이든, 국가이든 상관없이 오직 그들만의 이야기 속에서 존재한다. 우리는 구글Google, 이케아Ikea, 영국Great Britain, 르완다Rwanda가 존재한다는 사실을 알고 있다. 그런데 그들만의 이야기가 사라지면 그들의 존재도 사라진다.

추상적인 생각을 하고, 낯선 사람들과 뭉쳐 함께 일하는 것을 가능하게 하는 공통된 이야기를 동료들과 함께 나누고, 수 백만 명의 다

른 사람들과 동질적 연대감을 느끼는 것은 인간만 가지고 있는 능력
이다. 좋은 면에서든, 나쁜 면에서든, 이러한 특징은 인간을 성공으로
이끌었다.

멘탈모델은 추상적인 사고와 이야기를 다룬다. 우리는 각자의 멘
탈모델과 상관없이 조직의 존재에 동의하며, 조직의 정의도 인식한
다. 위키피디아Wikipedia에 따르면 조직은 '의도적으로 구성된 인간의
협력체'로 정의된다. 우리는 다른 멘탈모델을 가지고 있을지라도 이
점에는 대부분 동의할 수 있을 것이다.

같은 책을 읽고 있고, 같은 이야기를 들어도 각자의 머릿속에는 등
장인물들이 어떻게 생겼고, 무슨 일이 일어났고, 그 주변 환경이 어떠
한지에 대해 다른 이미지를 그리기 마련이다.

이것은 또한 오해와 갈등의 원인이기도 하다. 우리는 같은 책을
읽으면서 남들은 다 아는 '명백'하고 '자명'한 내용을 나만 이해하지
못한다면 스스로 멍청하다고 생각한다.

우리 인간은 세상이 자신이 알고 있는 방식과 다른 방식으로도 이
해될 수 있다는 사실을 받아들이는 데에 어려움을 겪는다. 우리는 같
은 이야기를 공유하고 있다면, 공유하고 있는 경험도 같아야 한다고
생각한다.

그러나 타인의 멘탈모델을 이해하려고 노력하다 보면 우리는 왜
그 사람이 그렇게 생각하고 느끼는지를 이해할 수 있게 된다. 다른 사
람의 멘탈모델을 통해 보면 그들이 가진 아이디어와 행동도 논리적일
수 있다는 사실을 인정할 수 있다. 우리는 다른 사람이 잘못된 멘탈모
델을 선택했다고 생각할 수도 있겠지만, 적어도 그들이 가진 멘탈모

델에 비추어 생각해보면 그들의 행동은 합리적이라 할 수 있다.

무언가를 이해하고 변화시키려면 먼저 내가 가진 멘탈모델부터 이해하고 바꾸어야 한다. 그리고 나서야 다른 사람의 멘탈모델도 바꿀 수 있다. 물론 쉬운 일은 아니다.

멘탈모델 속에 갇히지 말라

물리적인 지도가 완전한 현실을 반영하지 못한다는 것을 알면서도, 우리의 멘탈모델이 완전하고 사실적인 그림을 제공할 수 없다는 점은 간과하는 경향이 있다. 우리는 멘탈모델과 현실이 정확히 일치한다고 인식한다. 멘탈모델은 세상을 훨씬 더 수월히 이해하도록 해주기 때문에, 우리는 어느새 멘탈모델의 포로가 되어버리곤 한다.

멘탈모델은 세상을 설명하기 위해 존재하는 것이다. 그래서 우리는 사실을 우리의 세계관에 맞추어 이해하려 한다. 그러므로 우리가 각자의 세계관에 상충하는 사실보다는 오히려 일치하는 사실을 접하며 편안함을 느끼는 것은 그리 이상한 일은 아니다.

우리의 멘탈모델은 일차원적 사고를 기초로 단순화 한 것이기 때문에 오류가 전혀 없을 수는 없다. 역동적인 시스템에 대한 사고를 발전시킨 연구자 제이 포레스터(Jay Forrester; 미국의 컴퓨터 및 시스템 공학자 - 옮긴이)는 우리가 가진 멘탈모델을 이해하는 것이 역동적으로 사고하는 데 필수적이라는 점에 주목했다. 그는 사회 시스템은 기계와는 확연히 다르고, 이해하기 더욱 어려움에도 불구하고 사람들이 기계에 적합한 모델을 사회 제도를 설명하는 데에 사용한다고 지적했다. 포레스터에 따르면 인간은 멘탈모델이 불안정하거나 부정확한 경우에도 그 모델에 근거하여 행동하려 하는 경향이 있다. 그는 또한 우리가 멘탈모델 없이 사고하는 것은 불가능하며, 다만 어느 멘탈모델을 이용할지 선택하는 것만 가능하다고 말했다.

나는 많은 사람의 마음 깊숙이 자리 잡고 있는 멘탈모델인 공장 모델에 주목했다. 이 모델은 기술 시스템과 1차원적 사고를 기반으로 한 것이다. 원자재를 가지고 제품을 신속하고 효율적으로 만들어내는 공장은 산업주의의 전형이다. 산업주의의 흐름 속에서 사회는 좋든 나쁘든 이전의 모습에서 크게 변화했다. 그 기간은 근대화와 경제발전의 시기였다. 헨리 포드는 자동차를 조립라인에서 생산해냈고, 프레데릭 테일러Frederick Taylor; 미국의 경영학자 - 옮긴이는 '과학적 관리법'을 소개했다. 중요한 사회적 변화는 우리의 생각하는 방식에 영향을 주었고 공장 모델은 모든 종류의 생산과 효율적인 작업 방식을 설명하는 멘탈모델이 되었다.

멘탈모델로서의 공장은 우리가 과정의 사고를 할 수 있도록 해준다. 과정의 사고는 조립생산 라인을 양식화한 이미지이다. 컨베이어벨트를 통해 물건이 앞으로 전달되면, 다른 사람이나 기계가 그것을 처리한다. 우리는 적절한지 여부를 따지지 않고 그 과정의 모델을 설정하고 맵을 만든다. 이러한 생각은 우리에게 생산 지향의 마인드를 갖게 하여 상황을 고려하지 않고 '생산'에 중점을 두는 사고를 하게 만든다. 이 이미지는 작업자는 지시를 수행하기만 하고, 판단은 관리자만 할 수 있다는 생각에서 벗어나기 어렵게 만들었다.

산업주의와 공장은 상품, 특히 단계별로 만들어지는 물리적인 상품들을 취급하는 영역이다. 아직도 이 방법은 현장에서 그대로 사용되기 때문에, 공장형 사고는 오늘날까지도 여전히 유효하다. 하지만 요즘에는 서비스업이라는 거대한 영역이 새로 생겨났는데, 여기에는 기존의 공장형 멘탈모델이 정확하게 들어맞지 않는다. 나는 그럼에도 여전히 많은 사람들이 서비스 영역에서 공장형 멘탈모델을 사용하고 있다는 사실을 주목했다. 이점은 그들이 사용하는 언어를 들어보면 분명해진다. '상품', '생산', '배달', '소비'와 '소비자' 등의 용어들이 공공의 영역이나 다른 서비스 영역에서도 사용된다. 이들은 제품의 생산에 맞는 용어이지 서비스 영역에서는 적합하지 않을 수도 있는 단어들이다.

고객이 없이 '생산'되거나, '배달'될 수 없다는 점은 서비스만의 특징이다. 의료 서비스를 받는 사람은 서비스가 제공되는 순간에는 서비스 활동의 적극적인 참여자가 된다. 연극은 관객들에 의해서 경험되는 것이고, 배우와 관객 간에 내적인 상호 교감을 기반으로 한다. 서비스는 상호 작용이자 공동의 창조이다. 호텔에 숙박할 때, 객실은 소비되기 위해 준비된 것이 아니다. 투숙객이 머물기 시작하는 순간부터 가치가 발휘되기 시작한다. 호텔은 우리의 경험을 창조하거나 생산할 수 없다. 경험은 호텔이 고객의 요구와 기대를 얼마나 충족시켜주는지에 따라 고객 스스로 만드는 것이다.

'공장'과 '상품의 생산'이라는 개념은 가치 창출의 관점에 상당히 영향을 주었다. 원자재가 정해진 처리 과정을 거쳐 하나의 상품으로 만들어지는 과정을 보여주는 사례 가운데 하나로 자동차를 들 수 있다. 우리가 자동차를 사면, 설령 자동차가 움직이지 않고 주차장에 세워져 있다 하더라도 그 자체로 가치를 갖는다. 자동차는 돈으로 환산될 수 있고 그 가치는 점차 감가 상각된다. 공장은 가치를 창출하지만, 고객은 상품을 소비하면서 가치는 파괴된다.

  상품 생산은 가치 창출의 일반적인 모델인데, 상품의 생산행위는 구매와 소비의 과정을 통해 상품의 가치를 파괴하는 소비자들에게 상품을 공급함으로써 존재하는 조직의 활동 모델이다. '우리는 우리 상품을 통해 가치를 창출한다.'와 같은 명제는 모든 비즈니스에 적용될 수 있는 것이다. 이에 대해 당신은 어떻게 생각하는가?

  서비스의 관점에서 가치 창출을 바라보면 그림이 달라진다. 서비스는 물질적인 것이 아니라 어떤 것을 사용함으로써 얻을 수 있는 경험이다. 자동차는 상품이지만, 그것이 우리를 A 지점에서 B 지점으로 운송해준다면 그것은 서비스이다. 그 수송과정은 자동차를 사용하는 사람에게 나름의 가치를 부여한다. 가치는 사용에 있지, 소유에 있는 것이 아니다. 자동차가 주차장에 있는 상태라면 어떤 목적을 충족시키거나 가치를 더하지 못한다. 자동차를 사용할 때만 가치를 만들어낼 수 있다. 자동차 공장의 생산행위 그 자체로는 어떤 가치도 창출하지 못하며, 가치는 그 자동차의 구매자가 사용할 때만 창출 될 수 있다. 기업들과 비즈니스는 이렇게 가치 창출을 위한 환경만 조성할 뿐, 가치 그 자체를 만들어내지는 못한다.

상품과 서비스 사이의 차이에 기인하는 가치 창출에 대한 관점의 차이는 상품 기반 접근과 서비스 기반 접근이라는 서로 다른 두 가지의 가치 창출에 대한 인식 차이로 이어진다.

상품 기반 가치 창출이란 가치는 상품에 이미 포함되어 있고 상품을 만들어내는 조직이 가치도 함께 창출하는 것을 말한다. 서비스 기반 가치 창출이란 가치를 만들어내는 주체는 서비스를 이용하고 경험하는 소비자이다. 여기서 조직은 이런 환경을 조성해 줄 뿐 가치를 만들어낼 수는 없다. 이 상반되는 두 가지 시각은 바로 가치가 어떻게 생겨나는지에 대한 견해일 뿐 객관적 실제는 아니다. 어느 것이 참이고, 어느 것이 거짓이라고 말할 수 없으며, 단지 상반된 가치창출의 개념을 이해하고 설명하기 위한 서로 다른 멘탈모델들일 뿐이다.

서비스 기반의 가치창출 방식을 처음 경험하고 접했을 때, 이상하고, 이해하기 어렵다는 생각이 드는 것은 당연하다. 서비스 기반의 가치창출 방식은 우리가 이미 가지고 있던 멘탈모델과 비교할 때 매우 낯설기 때문이다. 나 역시 서비스 중심 논리(예를 들자면, 서비스 기반의 접근법)를 강의해 오면서 깨닫게 된 내용이다. 처음에는 나도 신선한 충격이었지만 이제는 어느 정도의 통찰력을 갖게 되었다.

내가 서비스 중심 논리를 처음 강의했을 때, 이해할 수 없었던 현상을 보게 되었다. 참석자들 일부는 매우 빨리 이해했다. 전혀 이상한 일이 아니었다. 반면 어떤 참석자는 전혀 이해를 못 하는 것처럼 보였다. 이것도 이상할 것이 없다. 하지만 나는 분명한 패턴을 전혀 읽지 못했다. 곧바로 이해했던 사람들이라고 해서 이해하는 데에 시간이 더 필요했던 사람들보다 더 똑똑하거나 교육을 잘 받았다고 말할 수 없다는 것이다. 나는 일부 사람들이 빨리 이해하지 못하는 이유를 파악할 필요가 있었다. 때로는 이해하지 못하는 사람이 있는 것은 당연하다. 그러나 이 경우는 단지 몇 페이지의 글이나 짧은 강의에 대한 이해도의 문제이다. 내가 궁금했던 것은 '왜 똑똑한 사람들이 단순한 것을 이해할 수 없는가?'하는 문제이다.

내가 찾아낸 해답은 사람들이 새로운 지식을 자신이 이미 가지고 있던 멘탈모델에 집어넣으려 했다는 점이다. 그들은 서비스 중심 논리로 이해해야 할 아이디어를 상품 중심의 논리의 멘탈모델에 억지로 집어넣어 이해하려 했다. 우리가 의식적이든 무의식적이든 상품 논리로만 가치 창출에 관하여 생각하고 있다면, 한 개인의 경험에서만 생겨날 수 있는 가치에 대해서는 도통 이해할 수 없을 것이다. 가치는 눈에 보이는 정적인 것으로부터 추상적이고 가변적인 것으로 변모한다.

내가 가진 멘탈모델에 맞지 않는 지식은 다루기가 어렵다. 그러므로 우리가 어떤 것을 이해하지 못하고 있다면, 우선 우리의 멘탈모델이 다뤄야 할 대상에 적합한지 의심해 볼 필요가 있다. 사각형 블록을 둥근 블록에 밀어 넣으려 하면, 아무리 비틀고 돌려서 넣어보려고 해도 구멍에 맞지 않는다. 그럼에도 불구하고 사람들은 "이것은 정말 난해한 주제야."라고 결론을 내려버린다.

어떤 것이 잘 이해되지 않으면, 먼저 자신의 멘탈모델을 점검해 볼 필요가 있다. 자신의 멘탈모델을 잘 안다면 그것을 변경하거나 교체하는 것도 훨씬 더 수월할 것이다. 이것은 맞고 틀리고의 문제가 아니며, 이해하려고 어떤 의견에 억지로 동의할 필요도 없는 문제다.

한스 로슬링Hans Rosling은 훌륭한 대중 강연자였다. 그는 세계가 어떻게 발전했고 빈곤이 어떻게 감소했는지를 주제로 한 강연 등으로 유명했다. 그는 안나 로슬링 뢰룬드Anna Rosling Rönnlund와 올라 로슬링Ola Rosling과 공저한 『팩트풀니스Factfulness』에서 그는 자신이 수많은 사람, 특히 서구권 사람들의 세계를 바라보는 멘탈모델에 대항해 맞서온 이야기를 한다. 세계를 선진국과 개발도상국을 나누는 분류 기준에 대한 문제제기도 그 가운데 하나이다.

1960년대까지는 이러한 분류가 유효했지만, 대부분의 국가가 변했기 때문에 지금은 현실에 맞지 않는 분류기준이 되었다. 소득 수준에 따라 세계국가들을 두 그룹으로 명확하게 구분 짓는다는 것이 무의미해져 버렸다. 세계 인구의 75퍼센트는 이른바 중위 소득 국가로 분류되는 국가에서 살고 있다. 극도의 빈곤 상태에 있는 세계 인구의 비율은 20년 전보다 절반으로 내려갔다. 로슬링이 조사한 바에 따르면, 이 같은 사실을 아는 사람이 거의 없었다. 그는 우리 인간이 세계가 어떤 상태에 있는지에 대한 질문에 잘못된 답변을 하는 비율이 침팬지보다 높았다고 말했다. 침팬지가 무작위로 찍어서 오답을 낸 비율보다 인간의 오답 비율이 높았다.

로슬링은 사람들이 대개 새롭게 인지된 지식을 자기가 가지고 있던 기존의 세계관에 끼워 넣어 이해하려고 하는 것이 높은 오답률의 원인이라고 말했다. 그래서 사람들은 이해하기 어렵지 않은 간단한 것조차도, 새로운 것을 배우는 데에 어려움을 느끼는 것이다. 새로운 것을 배우려면 세계관을 그 것에 맞게 새롭게 업그레이드해야 한다. 이것이 바로 내가 멘탈모델이라고 부르는 것이다. 이러한 세계관을 갱신하려면, 바로 내가 멘탈모델이라고 부르는 우리가 생각하는 방식을 이해해야 하는 것이다.

한스 로슬링의 견해에 동의한 사람은 찰리 멍거Charlie Munger이다. 그는 워렌 버핏Warren Buffett이 최대 주주이자 의장으로 있는 버크서 해서웨이Berkshire Hathaway의 부회장이다. 찰리 멍거는 독서광이자 사색가로 알려져 있다. 그는 '사실'이라는 것은 단지 암기하여 기억하고 있다는 이유로, 당신이 이해하고 있다고 믿는 것일 뿐이라고 말했다. '사실'이란 몇 가지 종류의 이론 안에서 서로 연결되고 배열되어야 한다. 이 이론들은 다양한 멘탈모델의 조합이다. 멍거는 우리가 다양한 지식체계에서 출발한 각양각색의 멘탈모델을 가져야 한다고 말한다. 예컨대 경제학, 수학 또는 심리학 등 어느 특정 분야에서만 비롯된 모델들을 선택할 수는 없다. 시작 단계에서는 소수의 주요한 멘탈모델만을 활용하는 데서 출발하겠지만, 80~90개 정도의 이론과 모델을 갖춰야 한다는 것이 멍거의 생각이다.

사각형과 수납장,
그리고 레고 블록의 비유

공장은 조직이 어떻게 굴러가는지, 혹은 세계가 여러 가지 면에서 어떤 식으로 돌아가는지를 보여주는 매우 일반화된 멘탈모델의 사례이다. 하지만 인간은 생각보다 훨씬 더 많은 멘탈모델을 사용한다. 내 경험으로 미루어보면, 일상속에서 특히 자주 사용되는 몇 가지 모델들이 있다.

예를 들자면, 나는 사람들이 무언가를 이해하기 위해 머릿속에 도표를 그려본다고 생각했다. 중요한 개념이나 수량을 확인하고, 그들 사이의 상관관계를 따져보기 위한 것이다.

사람들이 무언가를 설명하고자 할 때도 비슷한 일을 하는 것을 관찰한 바 있다. 대개 사람들은 어떤 개념이나 양을 하나의 그림으로 묘사하고 이들이 서로 어떤 관계인지를 세심하게 보여주곤 한다. 멘탈 이미지와 파워포인트 자료 등으로 그려지는 도표를 예로 들자면 다음과 같은 것이다.

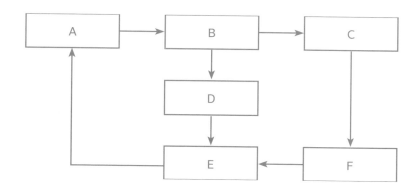

　사각형들은 단어나 몇 가지의 사물들로 꽉 차 있다. 이 사각형 사이의 화살표는 이것들이 어떻게 연결되어 있다는 것을 보여준다. A는 B의 원인이 되고, 이는 C의 원인이 된다. 그리고 B는 또 D에게도 영향을 준다. 이런 식으로 서로 관계가 얽혀 있다. 다른 영역이나 다른 사람들이 서로 영향을 주는 양상을 보여주는 흐름도라고 할 수 있다. 나는 이러한 도표를 '사각형과 화살표'라고 부르기로 했다. 이러한 도표를 통해 현상이 질서 있게 정리되고, 우리는 사물들 사이의 연관성을 확인하게 되는 것이다. 그러나 이러한 도표는 복잡한 상황을 설명하는 데에는 아주 효과가 있을지 몰라도, 복합적인 상황에는 잘 맞지 않는다.

　사각형과 화살표 모델을 변형하여 만들어진 모델 가운데는 사물에 대한 분류에 적합한 모델이 있다. 각각의 사물에 대하여 적절한 정의가 내려지고, 명칭이 부여되어, 적절한 위치에 배정된다. 마치 다양한 물건들을 종류별로 분류해 모아 놓은 수납장과 같다. 다음 그림처럼 나타낼 수 있다.

나는 이런 유형을 '수납장모델'이라고 부른다. 각 서랍에는 명칭이 붙어 있고, 대상물들을 거기에 맞춰서 적절하게 배치할 수 있다. 사람들은 사람이나 사물을 이렇게 분류하는 것을 좋아한다. 이를 통해 질서가 만들어지고, 친구와 적을 구분할 때뿐만 아니라 식용이 가능하거나 불가능한 식물, 유해하거나 유해하지 않은 동물 등을 분류할 때 효율적으로 사용된다.

수많은 다양한 사물들을 그대로 두는 것보다는 이렇게 분류 기준을 만들어 놓으면 찾기가 훨씬 더 수월해진다. 이 모델도 복잡한 문제를 해결하는 데에는 적절하지만, 복합적인 대상물들을 다루는데 적용하기에는 여전히 애매하다.

이는 멘탈모델이 잘못되었기 때문이 아니다. 그 멘탈모델은 오히려 유용하게 사용될 경우도 많다. 예컨대 다른 사물들이 어떻게 연관되어 있고 어떻게 분류되어 있는지 알아보는 데에는 더없이 적절한 모델이다. 사실 더 정확하게 말하면, 괜찮을 때가 가끔 있다. 적절한 경우에 사용된다면 말이다. 이러한 멘탈모델들은 1차원적 사고에 맞는 모델의 대표적인 사례이며, 복잡한 세계를 이해하는데 아주 적절하다.

반면 우리가 복합적인 세계를 복잡한 세계에 맞게 설계된 모델에 끼워 맞추려 해석하려고 한다면, 혼란은 커지고 세계에 대한 잘못된 인식을 갖게 될 것이다.

이러한 주장을 이해하는 데 도움이 될 적절한 사례가 하나 있다. 우리는 보통 자신이나 속한 조직이 '현재 상황'에서 '미래 시점'으로 가야 한다고 생각하고, 이를 위해서 '코끼리를 조각조각 분해해야' 한다고 생각하는 경우가 없는가? 바로 이런 현상이 개혁 프로젝트를 추진하는 과정에서 일상적으로 일어나고 있다.

아마 그들은 달성하고자 하는 목표에 대한 분명한 그림을 마음속에 그리고 있을 것이고, 이를 달성하기 위한 단계적인 여정도 구상하고 있을 것이다. 막연하고 거대해 보였던 작업 과정을 블록을 쌓는 것처럼 여러 단계로 구분한 것이다. 나는 이것을 '레고 블록'모델이라고 부른다. 1차원적이고, 예상치 못한 돌발 상황이 발생하지 않는다면, 이러한 계획을 수립하는 것이 가능하고, 계획대로 수행하기에 무리가 없다. 그것은 이 모델의 큰 매력이다.

이 모델은 탁월하다. 특히 레고 블록이든지, 벽돌이든지, 어떤 물리적이고 형태가 보이는 대상물 만들어 내는 과정이라면 더욱더 그렇다. 그다음에는 그 계획을 올바른 순서로 단계적으로 수행하기 위해 필요한 청사진이나 과정을 설명하는 분명한 그림이 만들어져야 한다. 이렇게 설계된 과정의 흐름은 수행하기가 쉽고 언제쯤 목표가 달성될지도 쉽게 예측할 수 있다. 이러한 모델은 변동이 없고, 목표가 분명하다. 이처럼 '레고 블록 모델'은 복잡한 어떤 것을 설계하거나 평가할 때 가장 효과적이다. 다른 목적으로 다시 사용할 수도 있고, 필요한 경우 재건축도 가능하다.

하지만 이 모델은 물리적이거나 눈에 보이는 대상물이 아닌, 다른 유형의 목표에는 적용하기 힘들다. 예컨대 새로운 업무수행 방식을 설계하고, 조직 문화를 바꾼다거나, 특정 유형의 IT시스템을 개발하는 경우 등이 있다. 사람들과 조직들은 역동적이며, 유연하게 변화무쌍한 세계와 상호 교류를 한다.

심지어 수많은 IT시스템도 항상 예측 불가능한 방식으로 시스템 사용자와 소통을 할 수 있어야 하고 그들의 요구에 맞추어 발전해나가야 한다. 이런 경우에는 복합적인 상황에 맞는 다른 형태의 멘탈모델이 필요하다.

복합적인 세계에 적용할 수 있는 멘탈모델로는 진화를 들 수 있다. 진화에는 완성이나 종료가 있을 수 없다. 종Species은 생존하기 위해 계속해서 적응하고 변화한다. 끊임없이 변하는 환경에 살아남기 위해 유기체들도 계속해서 변하고 적응해야 한다. 다른 종에게 밀려나지 않고, 주변 환경에 적응해 나가기 위한 변화의 과정은 계속 진행 중이다.

그러나 진화는 미리 의도하고 계획한 대로 진행되는 것도 아니고, 미리 설계하는 것 자체가 불가능하기 때문에 결과를 예측할 수도 없다. 단지 주변 환경에 계속해서 반응하고 적응하는 과정일 뿐이고, 긴 시간에 걸쳐 진행되는 일이다.

반면 우리 인간은 의도를 가지고 계획하고, 결과를 예상하는 능력을 갖추고 있다. 이로 인해 우리는 앞으로 일어날 상황을 어느 정도까지는 예상하고, 상황이 구체화되기 전에 미리 적응할 수도 있다.

IT 시스템을 구축하거나 조직의 변화를 꾀하려 한다면, 그 시스템을 사용할 사람에 대해 알아야 하고, 조직이 무엇을 하고자 하는지 파악해야 한다. 그러나 필요와 조건들은 늘 변하기 때문에, 이들을 아주 정확하게 알고 파악하는 것은 불가능하다. 우리가 최대한 노력하여 알 만큼 알았다고 느낄 때쯤 되면, 그새 많은 것들이 또 다시 변했고, 많은 것들을 다시 파악해야 하는 경우가 많다.

이미 만들어져 있는 사각형의 틀에 맞춰서 사각형 블록을 쌓아 올리기로 했다고 가정해 보자. 그런데 블록을 다 쌓고 나니 사각형의 틀이 다시 육각형으로 변해있다면 어떻게 대응해야 할까? 우리는 원래의 사각형의 틀이 시간이 지나면서 서서히 동그란 모습으로 변해가고 있는 것이 아닐까 의심해 볼 수도 있다.

그렇다면 이 시점에서 우리는 무엇을 해야 하나? 새롭게 육각형의 블록을 쌓기 시작해야 하나, 아니면 아직은 나타나지 않은 원형 틀에 맞춰서 블록을 쌓아야 하는가? 원형의 블록을 쌓았다면 미래의 어느 시점에서 잠시는 아귀가 잘 맞을지도 모른다. 그러나 틀이 또 바뀌어 삼각형이 된다면? 그때는 또 무엇을 해야 하나?

진화나 꾸준히 변화하는 어떤 상황을 생각해 보자. 그 속도가 빠르건 아주 느리건 상관없다. 변화의 방향을 염두에 두고 사고방식을 의도적으로 보완하되, 항상 목표를 명확히 하고, 예상되는 결과에 맞춰 계획을 세워야 한다. 우리의 눈앞에 보이는 것은 언제든 계속 변할 것이기 때문에 계획도 이에 맞춰 계속 변경해야 한다.

내 경험에 비추어 이야기하자면, 중도에 실행을 중지하고 계획을 폐기한 사례들 가운데는 사실은 그 계획을 제대로 실행하지 못했던 경우가 많았다. 나는 일전에 개발 프로젝트의 성공(실패) 사례를 발표하는 모임에 참석한 적이 있었다. 당시 프로젝트 매니저는 그간 진행된 내용을 준비하여 발표했다. 그 프로젝트는 새롭게 IT 지원 시스템을 개발하는 것이었는데 한동안 계획대로 진행하다 보니 당초 의도했던 것과는 다른 모습으로 개발이 진행되었다는 것이다.

그들은 계획을 수정했고, 이로 인해 당초 계획했던 것보다는 더 큰 비용을 들여야 했다. 나는 그들이 중간에라도 잘못된 부분을 파악해서 계획을 수정한 것은 아주 훌륭한 일이라고 생각했다. 아마 발표자는 이 일을 반성해야 할 실패의 사례로 생각하고 알려주고 싶었던 것 같다. 계획이 잘못되면 어떤 일이 일어나는지를 제대로 보여주는 사례로 말이다. 계획을 제대로 세밀하게 수립하는 것이 중요하다는 메시지를 전달하고 싶었을 것이다.

그러나 더 중요한 것은 개발 프로젝트가 원래 계획한 대로 되지 않을 때에는 초반에 대응해야 한다는 것이다. 그들은 그렇게 하지 못했다. 어찌 됐든 그런 경우를 대비하는 일이 중요하다.

계획하는 것 자체를 목적으로 삼는 것은 1차원적인 사고가 작용한 경우이다. 하지만 복합적인 세계에서는 계획을 세운다는 것은 바로 장차 발생할 불확실성에 대응하고, 거기에 맞는 조처를 하는 일이다. 미국의 드와이트 아이젠하워Dwight D.Eisenhower 대통령은 이렇게 말했다. "전쟁에서 수립된 계획은 아무것도 아니다. 그러나 계획 수립하는 것이 전쟁의 전부이다." 전쟁에서는 어떤 상황도 예측할 수 없다. 그러나 계획을 세우지 않고는 언제 일어날지 모르는 미래의 어떤 상황에도 제대로 대응할 수 없다. 하지만 군사 전략가들은 전장에서 막상 적군과 마주하게 되면, 어떤 좋은 계획일지라도 무용지물이 된다고 말한다. 전쟁처럼 일촉즉발의 예측불가능한 상황이 아니더라도, 복합적인 상황에서는 계획은 쉬지 않고 세워지고 다듬어져야 한다. 그리고 그 계획은 계속해서 변하고 있는 세상을 어떻게 이해하는지에 따라 달라진다.

역동적 사고에 필요한 모델

1차원적인 사고에 토대를 두고 복잡한 세상에 맞추어진 멘탈모델은 복합적인 세상에 더 적합한 모델들로 보완되어야 한다. 자연법칙 아래 놓인 세계에서는 과학이 적합한 모델 구축의 기반이 된다.

예를 들면 뉴턴의 제 3법칙은 이러하다. "어떤 물체가 힘을 주고받으면 두 물체 사이에 크기는 같고 방향은 반대인 힘이 존재한다." 이를 일반적인 멘탈모델에 적용하면 "모든 행동은 어떤 형태의 반작용을 불러온다."라고 말할 수 있다. 즉 '모든 것이 그대로라면'이라는 가정 아래 세워진 계획은 현실성이 없다는 말이다. 특히 인간의 행동에 관해서는 더욱더 그러하다. 우리가 무엇을 하든지, 거기에는 역반응, 때로는 예상치 못한 반응이 뒤따르게 된다는 것을 늘 염두에 두면 좋다. 예를 들면 전염성이 강한 질병이 발병한다면, '모든 것이 그대로'라는 조건 아래서 전체 인구가 모두 감염될 때까지 걸리는 시간이 얼마나 걸리는지 계산하는 일은 불가능한 일이 아니다. 하지만 '모든 것이 그대로'인 경우는 없다. 그러므로 예상대로 되지는 않는다. 우리는 의약품을 보급하거나 전염병 감염자를 격리하는 등 다양한 방식으로 질병과 싸운다. 진화의 과정은 역반응을 불러오기 마련이다. 우리는 이것도 우리가 예상해야 한다.

멘탈모델의 예시로 들 수 있는 또 다른 자연법칙은 열역학의 제 2 법칙이다. 고립된 시스템 내에서 엔트로피는 절대 감소하지 않는다. 엔트로피는 보통 '무질서도'라고 번역된다. 무질서 그 자체인 엔트로피는 외부에서 어떤 작용이나 에너지가 가해지지 않는 한 계속 증가한다.

우리는 이런 모습을 집 안에서도 경험한다. 집을 청소하지 않고 오래 방치해 두면 어지럽히는 사람이 없다고 해도 집안이 엉망이 된다. 먼지가 쌓이고 시간이 오래 지나면서 물건들에 금이 가고 부서지기도 한다. 예전과 같은 수준으로 집안 상태를 유지하려면 어찌 됐든 청소는 하고 수리도 해야 한다. 우리가 감당해야 하는 일이고 이를 위해서는 에너지가 필요하다. 에너지는 음식물 섭취를 통해 얻을 수 있다. 그 에너지는 일을 하면서 열로 바뀐다. 열역학의 제 1법칙은 에너지는 절대로 파괴되거나 생성되지 않고 변형될 뿐이라고 말한다. 이것은 무엇을 말하는가? 무엇보다도 시간은 한 방향으로만 흐르고 세계와 우주는 무질서의 척도인 엔트로피가 증가하는 방향으로 흘러간다는 것을 의미한다.

지구라는 행성은 태양으로부터 에너지를 얻는 개방형 시스템이다. 식물은 이 에너지를 광합성을 하는 데 사용하면서 일련의 질서가 수립된다. 이들 식물을 식량으로 삼아 에너지를 얻는 초식동물이 있고, 그 초식동물을 먹고 에너지를 얻는 육식 동물도 있다. 이들은 이러한 질서 있는 거대한 시스템 안에서 식량과 에너지를 얻는다. 사람들도 그들 나름의 질서를 만들어낼 수 있는데 이는 태양 에너지 덕분이다. 이에 대한 대가로 지구는 다시 대기권으로 열을 방출하는데, 이는 우리가 태양으로부터 에너지를 받을 때보다 훨씬 무질서한 에너지의 형태이다. 우리가 받는 태양 빛은 단파이고 풍부한 에너지를 갖고 있으며 가지런하게 배열되어 있다. 반면 지구에서 우주로 방출되는 열 광선은 장파이다. 에너지가 부족하고 불규칙한 형태를 띤다. 에너지의 총량은 불변이지만, 에너지의 질은 사용될수록 떨어진다. 에너지의 질을 엑서지Exergy라고 부른다. 태양 빛의 엑서지는 매우 높지만, 열 광선의 엑서지는 낮다

　이러한 현상을 멘탈모델에 적용하면 "에너지가 꾸준히 공급되지 않으면, 퇴보 현상이 나타난다."고 단순화할 수 있다. 한 조직을 생각해보자. 주변 세계로부터 에너지를 받아들이는 것은 개방형 시스템이다. 이때 에너지를 돈, 정보, 지식과 아이디어 등이라고 가정해보자. 그 조직이 굴러가려면 외부로부터 끊임없이 에너지를 공급을 받아야 한다. 주변 세계로부터 고립을 자초하는 조직은 퇴보하게 되고 살아남을 수가 없다. 여기에 대해서는 이 책의 후반부에서 다루도록 하겠다.

　지구와 태양마저도 언젠가는 퇴보할 것이다. 오랜 시간을 두고 지켜보면, 일시적으로 질서도가 증가하는 경우가 있는데, 그 이유는 그것이 다른 어딘가에서 무질서를 만들어내는 대가로 일어나는 현상이

기 때문이다. 그러나 인간에게는 일정한 기간이나마 질서의 정도를 증가시킬 기회와 능력이 있다. 왜냐하면 태양이 우리에게 우리가 필요한 양 이상의 에너지를 공급해 주기 때문이다.

과학에서 아이디어를 빌려온 세 번째 멘탈모델은 이렇게 요약된다. "우리가 아무것도 하지 않고 관찰만 한다고 해도 결과에 영향을 미친다." 이 모델은 양자 물리학의 특성을 응용한 것이다.

빛은 입자의 속성과 파동의 속성을 함께 가지고 있다. 광자, 즉 살짝 갈라진 틈을 통해 벽을 향해 분출되는 광자를 떠올려보자. 벽에는 한 개의 점이 나타나고, 점의 중심 부분은 빛이 가장 강하며, 중심 멀어져 가장자리로 갈수록 빛도 약해진다. 예상할 수 있는 현상이다. 대신 빛이 두 개의 평행한 틈을 통해 나가면 어둡고 밝은 띠가 교차하는 패턴을 보게 된다. 이것이 바로 빛의 간섭 패턴이다. 빛이 틈을 통해 나와서 더 보강되거나 상쇄되는 파동으로 구성되기 때문에 발생하는 현상이다. 그 결과 밝음과 어두움이 번갈아 나타난다. 이 또한 예상 가능한 현상이다.

이제 광자는 하나이고, 틈은 두 개라고 가정해 보자. 그 광자가 두 틈 중 하나를 통과할 것이고, 벽에는 점이 하나 새겨지리라 생각하는 것이 합리적이다. 이제 이상한 일이 일어난다. 당신이 광자가 어떤 틈을 통과했는지를 관찰하여 안다면 벽에는 빛의 점이 생기게 될 것이다. 반대로 모를 경우는 광자가 하는 일을 관찰하지 않았다는 것이고, 벽에 나타나는 패턴은 간섭 형태가 된다. 아무것도 관찰하지 못한다면 광자는 파동처럼 움직여서 두 개의 틈을 통과해 나간다. 그런데 관찰하면 광자는 입자처럼 움직인다. 관찰하는 행위만으로도 관찰 대상의 결과에 영향을 줄 수 있는 것이다.

우리 인간이 어떤 것을 관찰할 때 결과에 영향을 미친다는 것은 그리 이상하지 않지만 자주 잊어버린다. 회의에 참석해서 '경청만 하는' 참석자는 현재 논의되는 내용에 전혀 참여하지 않고 있다. 그러나 당신이 상사이든, 신입 인턴이든 경영자이든 당신은 회의 결과에 영향을 주게 된다. 이런 일은 보통 의식하지 못한 상태에서 일어난다. 다른 참석자들이 당신의 이해를 돕기 위해 더 자세히 설명해주어야 한다고 생각할지도 모른다. 그날 회의의 흐름을 주도하는 그들의 태도에 작은 변화가 일어나게 되는데, 이 변화가 회의의 역학을 바꾸고 완전히 다른 결과를 가져오게 된다.

자, 우리는 세 가지의 멘탈모델을 알게 되었다.

• 각 행동은 어떤 형태의 반작용이나 반응을 불러온다.

• 에너지가 공급되지 않으면 퇴보가 진행된다.

• 아무 것도 하지 않고 관찰만 해도 결과에 영향을 미친다.

이 세 가지를 합치면 역동성과 복합성에 대한 이해를 높일 수 있다. 새로운 멘탈모델과 이미 가지고 있던 멘탈모델을 적절히 조합하면 세상을 이해하고, 원한다면 변화시키는 데에도 유용하게 사용할 수 있는 훌륭한 마음의 지도를 만들어 낼 수 있다.

지도는 실제 모습을 제대로 반영할 때 좋은 길라잡이가 된다. 건물 몇 채가 바뀌거나 철거되거나 도로 방향이 바뀐다 해도 예전의 지도로 길을 찾을 수는 있다. 좀 오래된 것이라 해도 대부분 정보가 그대로라면 별 차이가 없을 것이다. 하지만 시간이 더 지나면 도심의 모습도 점점 더 변하면서 지도는 마침내 무용지물이 된다. 그때는 새로운 지도가 필요하다. 멘탈모델도 마찬가지이다. 세상이 변함에 따라 새롭고 갱신된 멘탈모델이 필요하다. 변화를 이해하고 영향을 주고 싶다면 특히 중요하다. 우리는 자신 또는 멘탈모델에 큰 변화가 일어나면 패러다임의 변화가 일어났다고 말한다. 사고패턴이 변하고 새로운 방식으로 주변 세상을 이해하게 되는 패러다임 이동이 일어난다. 지구 중심적 세계관에서 태양 중심 세계관으로의 이동은 패러다임 이동의 한 예이다.

멘탈모델의 중요성과 새로운 모델로 대체하는 데에 들어가는 힘의 중요성은 간과해서는 안 된다. 좋건 나쁘건 세상을 바라보는 아이디어와 인식에 상당한 영향을 미치기 때문이다.

현재의 멘탈모델은 변화의 장애가 되기도 한다. 변화를 가져오려면, 현재의 멘탈모델의 변화도 필요하고, 아에 새로운 것으로 바꿀 필요도 있다. 무엇보다도 우리 주변의 세계는 복합적이라는 점을 이해하고, 이를 수용하는 태도가 특히 중요하다. 우리의 멘탈모델을 이에 맞게 개선하기 위해서는 복합적인 시스템이 어떤 모습을 띠고 있고, 어떻게 작동하는지 알아야 한다. 이는 따로 떼어 별도의 단원에서 다뤄야만 할 주제이다.

복합 시스템

1960년 초 어느 날, 에드워드 로렌즈Edward Lorenz는 커피를 마시고 싶어서 작업하던 책상에서 일어났다. 당시 그가 하던 일은 평소와 다름없는 것들이었다. 날씨를 예측하기 위해 늘 사용하던 예측모델에 여러 가지 변수들을 입력하고 있었다.

그 당시 컴퓨터는 지금보다 단순해서 그가 입력한 12개 변수들을 바탕으로 결과를 계산해 내려면 한참 걸렸고, 그 시간은 커피를 한잔 마시기에 적당했다.

에드워드는 다시 책상으로 돌아와서 컴퓨터의 작업 결과를 확인했다. 컴퓨터가 그려낸 곡선이 평상시와는 아주 달랐다. 정상적인 곡선의 모습에서 크게 벗어난 불규칙한 모양을 보여주고 있었다.

그는 이런 결과가 나타난 원인이 무엇인지 점검해 보았다. 자신이 변수를 반올림해서 입력했다는 사실을 깨달았다. 0.506127을 입력하는 대신에 뒤의 숫자를 생략하고 반올림 값인 0.506을 입력한 것이다. 그 결과, 전혀 다른 기상예보가 나온 것이다.

기상학자이면서 수학자이기도 한 에드워드 로렌즈는 역동적인 시스템에서는 작은 환경의 차이가 엄청나게 다른 결과를 초래할 수 있다는 사실을 발견한 것이다. 훗날 그는 브라질에서 나비 한 마리의 날갯짓이 미국 텍사스주에서 토네이도를 발생하게 할지도 모른다는 의문을 던지면서 이에 대한 글을 썼다.

이 글을 통해 카오스 이론Chaos theory과 함께 나비효과Butterfly effect라는 개념이 세상에 등장한 것이다. 이 이론은 수학과 물리학은 물론, 더 넓게는 인간의 사고체계에도 큰 영향을 끼쳤다.

누적된 무질서가
혼란은 아니다

　끊임없이 변화하는 날씨는 복합 시스템의 대표적인 사례이다. 오늘의 날씨가 어제와 같다고 생각할 때도 있다. 정말 그럴 때도 아주 가끔은 있을 것이다. 하지만 대개는 그렇지 않다. 기온과 바람은 조금씩 달라진다. 그 차이가 아주 미미해서 별로 중요하지 않다고 여기지만 시간이 지나면 이러한 작은 변화들이 모여 엄청난 결과로 나타난다.

　에드워드 로렌즈가 발견한 것은 복합 시스템이 갖는 특성, 즉 초기 조건의 작은 차이가 결과에 미치는 엄청난 영향, 즉 변화에 대한 민감성이었다. 오늘의 작은 변화로 인해 다음 주간의 날씨가 완전히 달라진다. 물론 나비의 날갯짓으로 인해 바로 토네이도가 발생하는 정도는 아니었지만, 어떤 경우에는 그런 날갯짓이 결정적인 역할을 하여 엄청난 결과를 가져올 수도 있다.

결정론적인 시스템이라 할 수 있는 날씨에도 이 이론이 적용된다. 모든 조건이 같다면, 날씨도 계산을 통해 정확히 예측할 수 있다. 왜 냐하면 날씨도 자연의 법칙에 따라 움직이기 때문이다. 여기에도 질 서가 있다. 그렇기 때문에 이론적으로는 날씨를 예측하는 일은 가능 하다. 그러나 현실적으로는 일주일 또는 그 이상의 미래의 날씨를 신 뢰할 만한 수준으로 예측하는 것은 불가능하다. 사소해 보이는 작은 변화들이 어떤 엄청난 결과를 초래할지 모르기 때문이다. 태양은 기 온, 기압, 풍속, 습도 등 다양한 변수들을 통해 날씨를 지배한다. 이들 요소가 계속 변화하고 서로 영향을 주고받기 때문에 시스템은 마치 카오스, 즉 혼돈 상태에 빠진 듯 보인다.

이런 혼돈의 상황은 결과에 영향을 미칠만한 변수나 외부의 힘이 매우 적은 훨씬 단조로운 시스템에서도 일어난다. 철제 진자와 3개의 자석을 떠올려보자. 이 시스템은 움직이는 한 부분과 고정된 세 부분 으로 구성되어 있다. 여기에서 진자는 주변에 대칭으로 배치된 자석 위에 매달려 있다. 힘을 가하여 진자를 움직이면, 특정 위치에서 멈출 때까지 자석 사이에서 불규칙하게 왔다 갔다 할 것이다. 다시 처음에 했던 것처럼 같은 방법으로 진자에 힘을 가해도, 진자의 움직임은 매 번 다를 것이다. 그 이유는 매번 진자를 이전과 똑같이 시작점에 놓고 실험을 할 수 없기 때문이다. 1 밀리미터의 작은 차이라 할지라도 차 이가 있는 것은 분명하다. 진자는 공기의 움직임의 작은 변화에도 민 감하다. 이 실험은 결정론적인 복합 시스템을 보여주는 간단한 예이 다. 이러한 시스템은 자연의 법칙에 따라 움직이는 몇 가지 간단한 요 소와 힘으로 구성된다. 이렇게 간단한 시스템 안에서조차 우리는 어떤 일어날지 예측할 수 없다. 이 시스템의 움직임도 역시 무질서하다.

시스템 구성원이
시스템에 영향을 준다

날씨는 여러 가지 계속되는 변화와 요인들의 상호작용에 영향을 받는 복합 시스템이다. 날씨에 영향을 미치는 요소들에게는 스스로를 통제할 수 있는 자기 의지가 없다. 그리고 날씨를 지배하는 자연법칙도 불변이다. 그렇다면, 스스로 이성적인 판단을 내릴 수 있는 독립적인 행위자로 시스템이 구성되어 있다면 어떤 일이 일어날까? 그 단적인 예가 바로 사람이다.

환경에 맞추어 적응하고 학습하고, 행동할 수 있는 존재, 즉 사람이나 또 다른 행위자들로 구성된 시스템을 '복합적응시스템Complex adaptive system'이라고 한다. 이러한 시스템은 서로 다른 요소들 사이의 관계가 영구적이지도 않고, 일정하지 않기 때문에 그 시스템 자체도 결정적인 시스템은 아니다.

복합적응시스템은 어느 정도 자기 결정이 가능한 행위자들로 구성된다(예를 들면, 사람, 동물 또는 스마트 로봇 등을 들 수 있다.) 그들은 어떤 종류의 네트워크 안에서 서로 영향을 준다. 그들은 또한 주변 환경과도 영향을 주고받는다.

이로 인해 어느 정도의 자기 조직화가 일어난다. 그리하여 시스템 자체가 환경과 영향에 적응하고 변화한다. 그 결과 시스템이 원래의 계획이나 의도와 다르게 작동하기도 한다. 시스템은 역동적이고, 1차원적이지 않다. 시스템이 초기 조건뿐 아니라 구성 요소 간의 상호작용에 의해 민감하게 영향을 받는 것이 바로 복합적응시스템의 중요한 특징이다.

좀 까다롭게 느껴지는가? 사실상 이러한 논의는 이전에 많이 들어본 "전체는 부분의 총합보다 크다."라는 표현과 관계되어 있다. 시스템을 이루는 각각 다른 부분이나 구성 행위자들 하나하나를 연구하여 복합적응시스템을 파악하는 것은 불가능하다. 행위자 간의 상호작용이 너무나 중요하다.

열대 우림은 복합적응시스템이다. 누구도 열대 우림은 이렇게 생겨야 한다고 결정해주지 않는다. 오히려 모든 다양한 행위자, 식물과 동물이 상호 작용하는 방식과 물리적인 주변 환경에 따라 그 모습이 결정된다. 열대 우림 안에 존재하는 다양한 종들을 하나하나 연구한다고 해서 전체를 이해할 수는 없는 것이다.

종은 서로와 환경에 적응하고 시스템은 '학습'한다. 전체 생태계가 계속해서 발생하고 변한다. 예를 들어 생태계는 비가 적당히 내려야 적응할 수 있다. 너무 큰 일이 빨리 일어나버리면 전체 생태계가 붕괴할 수 있다. 시스템은 1차원적으로 예상 가능한 반응을 하지 않는다.

돌을 더 세게 던질수록 더 멀리 간다는 것은 이미 알고 있는 사실이다. 하지만 종이비행기의 경우에는 다르다. 공기의 흐름은 종이비행기에 상당히 복합적이고, 예측 불가능할 정도로 영향을 준다. 어떻게 종이비행기를 접었는지에 따라 결과가 달라질 것이다.

공중제비처럼 잘 날아갈 수도 있고 바닥에 바로 떨어질 수도 있다. 1차원적이지 않다는 것은 쉽게 말하면, 결과가 반드시 시작 지점에서의 상황과 비례하지 않는다는 뜻이다. (예를 들면 종이비행기를 날릴 때의 힘) 1차원적인 관계는 일직선으로 도식화 할 수 있지만, 그렇지 않은 관계는 일직선으로 도식화하기 어렵다.

이 점을 이해하려면 인간처럼 고도로 진화된 존재가 아닌 구성원들에 의해 구성된 시스템부터 살펴보는 것도 좋은 방법이다. 개미부터 시작해보자.

개미 한 마리는 그다지 복합적인 존재는 아니다. 오히려 단순하고 지루한 행동 패턴을 갖고 있다. 하지만 개미 한 마리를 연구해서 개미 군집 전체를 이해할 수는 없다. 개미 군집은 단순히 개별 개미의 집합체로 볼 수가 없다. 개미 군집은 수많은 개미가 모여 함께 움직이기 때문에, 작동하는 개미 군집 그 자체로 이해되어야 한다.

개미가 식량을 발견하면 소위 페로몬이라는 향을 뿜어낸다. 이 향이 퍼지면 개미들은 냄새를 맡고 한 곳으로 몰려든다. 식량이 많을수록 개미의 수도 증가하고 식량이 줄어들면 개미가 방출하는 페로몬도 줄어든다.

개미들은 이런 종류의 비교적 단순한 규칙에 따라 행동한다. 또 하나의 규칙은 '이웃의 영역을 침범하지 않는다.'는 것이다. 이처럼 몇 가지 단순한 규칙에 따라 반응하는 수많은 개체라도 한데 모이면 그들은 복합적인 집합 행동을 하게 되는 것이다.

　우리는 개미가 영리하게 일하는 방법과 새나 물고기가 무리나 군집을 이루어 떼를 지어 다니면서 초자연적인 능력을 갖추고 발휘하는 것을 보며 감탄한다. 개미나 새, 물고기 등을 연구함으로써 우리는 복합적응시스템에 대하여 많은 것을 이해할 수 있다.

왜 복합적응시스템이
존재하는가?

복합적응시스템은 어떻게 존재하는가? 개미 군집, 열대 우림, 그리고 인간 조직이나 사회가 복합적응시스템의 모습을 보이는 이유는 무엇인가?

진화를 통해 개미는 위험하고 변화무쌍한 환경에서 생존할 수 있도록 행동 방식을 개선했다. 개미가 같은 장소에서 항상 먹을 것을 발견할 수 있으리라는 보장이 없다. 도중에 장애물도 많을 것이다. 적과 경쟁자가 끊임없이 위협할 것이고 날씨나 동물들이 개미굴을 파괴해버릴 수 있다. 이 모든 것을 이겨내고 생존하려면 개미 집단은 현명한 결정을 내려야 한다. 하지만 동물은 인간만큼 총명하지 않다. 그런데도 불구하고 어떻게 우둔한 개미들이 똑똑하게 행동할 수 있을까?

그 답은 바로 진화의 결과로 마치 그들이 지능적으로 고안해 낸 것처럼, 분산된 복합적응시스템을 출현시킨 데 있다. 개미 군집은 여러 집단으로 분산되어 있다. 집단 전체의 의사를 결정하는 중앙 권력이 없다. 물론 여왕개미가 있지만, 여왕개미의 임무는 통치가 아니라 알을 낳는 것이다. 각 개미는 이미 주어진 간단한 규칙에 따라 행동을 결정한다. 이러한 개별 결정의 총합이 군집 전체의 복합적인 행동으로 나타난다. 개미 사회는 상황에 맞춰 필요한 행동을 할 능력, 즉 적응력이 있다. 장애물이 있다면 개미는 그 주위를 에워싸기도 하고, 여왕개미를 보호할 필요가 있으면 경호도 한다. 한 마디로 그저 단순하게 적응한다. 이 모든 것이 하나의 시스템이며, 원하는 결과에 도달하기 위해 시스템 안에 있는 서로 다른 영역들이 협력한다. 개미에게는 종의 존속은 생존의 문제이다.

개미 군집도 자신들을 통치하는 중앙 권력을 두고 일할 수도 있을 것이다. 하지만 그 결과는 훨씬 좋지 않을 것이다. 그런 식으로 시스템이 작동하려면, 개미굴 안팎에서 일어나는 일에 대해 지속적인 정보가 필요하고 높은 수준의 지능을 가진 우두머리가 필요할 것이다. 보고 체계, 위계질서, 후속 조치와 규칙에 의한 통제와 목표들, 개미에게 동기부여를 할 수 있는 방법 등이 필요할 것이다. 무엇이 다른지 알겠는가? 인간 정도는 되어야, 비로소 어느 정도 중앙통제식 조직 운영이 가능하다는 것이다.

인간조직의 구성원들은 개미 군집의 구성원들과는 비교 불가능할 정도로 총명하다. 인간 조직은 훨씬 더 복합적이고 다양한 형태의 문제들을 해결할 수도 있다. 독립적인 행위자와는 별개로 이러한 조직은 중앙 권력을 가지고 있다. 어떤 결정은 분권화된 하부 단위에서 결정되는 반면 어떤 결정은 중앙에서 만들어져 아래로 내려진다. 이로 인해 복합성이 더욱 증가하고 문제 해결 능력도 함께 증가한다.

진화는 문제를 해결하기 위한 과정이며 개미들에게는 분산화 된 개미 군집이 바로 현명한 해결책이다. 왜냐하면, 분산화로 인해 미개한 존재인 개미가 상대적으로 복합적인 문제를 해결할 수 있기 때문이다. 진화는 간단하고 경제적인 해결책을 선호한다. 개미가 많은 에너지를 사용하는 큰 뇌를 갖지 않고도 생존을 해나갈 수 있었고, 그러한 사례는 얼마든지 있다.

인간만은 예외이다. 현대인은 큰 뇌를 가지고 있고, 뇌는 많은 에너지를 소모한다. 우리 뇌는 몸무게의 2~3퍼센트를 차지하고 신체 에너지의 20~25퍼센트를 소비한다. 큰 뇌를 가진 종들의 또 하나의 약점은 출산 과정이 더 힘들고, 신생아는 다른 어떤 종들보다 무력하다는 점이다. 그러나 어쨌든 인간은 지구상에서 가장 성공적으로 생존해 왔다. 우리가 가진 큰 뇌는 상당한 문제 해결 능력을 갖추고 있어서 우리는 호모 사피엔스Homo sapiens, 즉 '지혜로운 인간'이라는 이름을 갖게 되었다. 하지만 우리는 정말로 성공한 것일까? 현대적 인간이 지구에 존재한 시간은 고작 몇 천 년에 지나지 않는다. 해파리나 바퀴벌레는 멘사클럽Mensa club의 회원이 될 수 없다. 그래도 그들은 멸종의 위기를 이겨내고 생존해 왔다. 해파리는 5억 년, 바퀴벌레는 3억 년 동안 생존해왔다. 인간은 얼마나 더 오래 생존할 것인가? 우리가 대량 멸종의 다음 대상이 되지는 않을까? 아니면 계속 살아남을 수 있을까?

자연 속에서 단순하고 에너지 효율이 높은 복합적응시스템들은 그들 스스로 움직이고 일하기 때문에 계속 생겨나고 발전을 계속해왔다. 변화무쌍한 세계에서는 새로운 환경에 완벽히 적응하고 상황을 잘 다스릴 수 있어야 한다. 움직이지 않거나 정지해 있는 시스템은 역동적인 상황에 부딪히게 되면 제대로 기능을 할 수가 없다.

내진 설계가 되어 있는 집을 생각해보자. 그 집은 수직과 평행 방향으로 가해지는 모든 충격을 견디고 흡수할 수 있어야 한다. 어느 정도는 건물 자체가 움직이는 유연함을 갖추고 있어야 한다. 그러기 위해서는 그 목적에 맞는 재료와 건축 기술을 사용해야 하는데, 예컨대 충격을 흡수할만한 상당한 양의 고무 완충재 등이 필요하다. 복합적응시스템은 복합적인 문제 해결에 최적화된 시스템이다.

복합적인 문제를 복잡한 문제에 맞는 방식으로 해결하려 하면, 단기적으로는 가능할지 몰라도 장기적으로는 실패할 것이다. 복합성은 복합성에 맞는 방식으로 다루어야 한다. 여기서 기억할 것은 복합성은 '어렵다'는 의미가 아니라는 것이다. 단순하면서도 복합적인 것들도 있을 수 있다.(앞서 나온 진자와 세 자석을 떠올려보자.) 하지만 분명한 것은 복잡한 것은 항상 어렵다는 것이다. 이것이 바로 우리가 진화의 과정으로부터 배울 수 있는 점이다. 진화는 복합적인 문제들에 대해 복잡한 문제에 맞는 해결책을 내놓지 않는다. 그것은 너무 어렵고 너무 비효율적이기 때문이다.

다음의 질문은 복합적인 문제일 수 있다. 뉴욕에서는 매일 몇 개의 빵을 구워야 충분할까? 이 질문에 대한 답으로 복잡한 해결책, 혹은 복합적인 해결책 중 어느 것을 선택하겠는가?

빵의 생산량은 누가 정하는가

　독립적으로 행동하고 결정을 할 수 있는 다양한 행위자들은 스스로 적응력을 만들어 내고 이들이 모인 집단은 중앙의 조정 없이도 복합적인 문제를 해결할 수 있다.

　구소련 시대에 뉴욕을 방문했던 두 명의 소련 관료 이야기는 이에 대한 전형적인 사례이다. 이들은 중요한 질문에 관한 해답을 찾으려고 했다. 뉴욕에서 매일 몇 개의 빵을 구울지 누가 결정하는가? 당시 모스크바에서는 빵 공급이 수요를 못 따라 가는 상황이었다. 그렇다면 미국인들은 어떻게 이러한 수요를 맞출 수 있었을까?

　매일 구워져야 하는 빵의 수를 계산하는 것은 복합적인 문제이다. 구소련의 계획경제와 같은 중앙통제 방식은 중앙 기관이 매일매일 빵의 수요와 밀가루와 이스트의 공급량, 제빵사 수 및 용량에 대한 데이터를 수집하고, 필요한 사람에게 빵을 배분하는 복잡한 해결방식이었다. 매우 많은 변수가 매일 구워져야 할 빵의 개수에 영향을 미치는 데, 문제는 이 변수들이 매일 달라진다는 것이었다. 정확한 숫자를 계산하려면, 거의 초인적인 능력이 필요하고, 사실상 불가능했다.

분산된 복합적인 해결책을 적용하면 누구도 빵을 몇 개 구워야 할지 결정하지 않는다. 각자가 자기의 경험과 지식에 근거해 결정한다. 사람들은 미래에 대해 생각할 수 있는 능력이 있고, 아직 일어나지는 않았지만, 언젠가는 일어날 것이 분명한 돌발 상황에 충분히 대비할 수 있다. 예를 들면, 다음 주에 밀가루의 가격이 급등할 것이라는 정도는 예측할 수 있다.

여러 가지 다른 변수들에 대해 저마다 다르게 반응하는 몇몇 똑똑한 행위자들이 있는 분산된 복합적응시스템은 매일 뉴욕에서 몇 개의 빵이 구워져야 하는지에 대한 문제를 함께 해결한다. 아무도 그런 질문을 의식적으로 던지거나 대답하지 않아도 된다.

이러한 시스템에서는 '빵 굽는 기획자'가 특별히 필요하지 않다. 공급은 수요에 정확하게 일치하지는 않지만, 그래도 수요와 공급의 균형은 그럭저럭 맞추어 나간다. 복합적응시스템은 이렇게 자체적인 조직화에 의해 운영된다.

또 다른 예는 중앙통제 방식과 분산 방식의 문제 해결법 사이의 차이점을 보여준다. 우리가 4방향 교차로에서 차량의 흐름을 원활하게 하는 임무를 맡았다고 상상해보자. 먼저 우리는 교통 신호등을 설치하기로 한다. 차들끼리 서로 충돌할 위험을 최소화하면서 동시에 불필요한 교통 체증이 발생하지 않게 하기 위함이다. 물론 쉬운 일은 아니다. 하지만 어찌 됐든 문제는 잘 해결될 것이고 효과도 나타날 것이다. 바로 중앙통제식 문제 해결의 하나이다.

우리가 그 후에도 교통 계획 업무를 계속 맡고 있다고 상상해보자. 그런데 그곳 주변의 도로 건설 공사의 결과로 4방향 교차로가 5방향 교차로로 바뀔 예정이라고 치자. 우리는 다시 거기에 맞는 교통 신호 체계를 만들어야 한다.

마찬가지로 쉬운 일은 아니다. 왜냐하면 그곳을 통행하는 많은 차량이 모두 변수로 작용할 것이기 때문이다. 그러나 결국 우리는 좋은 방안을 생각해 낼 것이다. 물론 약간의 교통체증 발생은 불가피하다.

그런데 이곳이 다시 6방향 7방향 교차로로 바뀌면 교통 체계 관리는 얼마나 더욱 어려워지게 될까? 신호등 설치 같은 중앙통제식 해결법은 복잡성이 증가할수록 과부하가 걸리게 된다.

대신 우리는 로터리 형 교차로를 건설하는 더 나은 방식의 해법을 적용하기로 할 수 있다. 로터리 형 교차로를 설치하면 4방향이든 5방향이든 문제 될 것이 없고, 이 방식은 6방향, 7방향 도로에 그대로 적용해도 큰 문제가 없다. 분산방식의 해결책은 복합적인 문제나 시스템이 자주 바뀔 때 유연하게 대처할 수 있게 해준다.

로터리 형 교차로는 분산방식의 해결책의 하나의 예이다. 중앙 기관이 운전자 각자에게 지시를 내리지 않는다. 운전자는 몇 가지 간단한 규칙에 근거해 모든 행동을 스스로 결정한다. 예컨대 모든 차량은 한 방향으로만 진행해야 하고 로터리 형 교차로에 이미 들어와 있는 차량이 진입을 시도하는 차량보다 우선권을 가진다는 정도이다.

각 행위자가 간단한 규칙에 근거해 스스로 결정을 내리는 것만으로도 로터리 형 교차로는 엄청난 교통량과 도로에서 발생하는 문제들을 해결할 수 있다. 분산된 의사 결정 방식 덕분에 시스템은 더욱 유연성을 갖게 되고 상황에 대한 적응력도 커지는 것이다.

분산형 해결방식은 개별 개인 행위자들에게 좀 더 많은 것을 요구한다. 각자가 독자적으로 결정을 내려야 한다. 신호등의 신호를 따르기만 한다면, 개인의 판단이 필요 없다.

오히려 신호체계를 설계하는 사람이 할 일이 많다. 결정 권한을 각자에게 넘기는 방식은 복합성은 증대시키는 반면, 복잡성은 감소시키고, 그 결과 문제가 해결이 쉬워지는 것이다. 해결책이 더욱 단순해지고, 복합성을 기반으로 접근함으로써 문제에 훨씬 효과적으로 대응할 수 있다.

복합적응시스템에서의
문제 해결

인간이 만들어 낸 조직들은 빵을 굽거나 교통을 관리하는 문제보다 더 복합적인 문제를 더 많이 다루어야 한다. 인간의 조직과 같은 복합적응시스템이 아니라면, 자동차나 컴퓨터 또는 진보된 의료 시설 같은 높은 수준의 기술적인 해결방안을 생각해 내지도 못할 것이다. 인간 조직들이 해결해야 할 수많은 문제는 서로 관련되어 있고 끊임없이 변하고 있다. 우리가 속한 세상과 환경은 수많은 묘한 뉘앙스로 가득 차 있다.

우리는 동시에 한 가지 이상의 문제를 풀어야 하고, 그 문제들은 단순한 생존이나 출산 이상의 복잡한 것들이다. 때때로 우리는 동시에 여러 가지 목표를 추구하기 때문에, 여러 가지 문제를 동시에 풀어야 한다. 문제마다 우리가 사용하는 해결책은 아주 다르다. 우리는 중앙통제방식과 분산방식의 해결책을 적절히 혼합해 사용한다. 그 해결

방안은 때로는 원형 교차로에서 운전하는 일처럼 상대적으로 간단한 규칙들일 수도 있고, 때로는 파티나 회의 등 사회적 활동에서 어떻게 행동해야 하는지를 규정하는 한층 복합적인 규칙들일 수도 있다.

인간 조직과 사회에서 당면한 문제를 해결하는 데 있어서 우선 중앙통제 방식의 해결책으로 다루어야 할 문제와 분산 방식으로 처리해야 할 문제를 구별해 내는 것이 중요하다. 만약 명확한 답을 제공하는 최적의 공식을 찾으려면, 우선 1차원적 사고부터 다시 시작해야 한다. 중앙통제 방식과 분산 방식의 의사 결정 사이에 정확한 경계선은 없다. 상황이 바뀌면 새로운 문제가 등장한다. 조직을 구성하는 개인마다 상황을 바라보고 대응하는 능력과 지식이 각자 다르다. 계속해서 변해 가는 조건과 필요로 인해 해법도 변한다.

이점을 고려할 때 복합적인 세상에서 어떤 문제를 해결한다는 것은 완벽한 규칙이나 과정을 제시하는 '완벽한 해결책'을 찾아내고 설계하는 일이 아니다. 오히려 그보다는 시스템을 설계하거나, 그것에 영향을 주어 원하는 결과를 얻는 것이라 할 수 있다. 이를 통해 적응력이 생겨나고 원하는 결과를 얻을 수 있는 것이다. 오히려 원하는 결과를 얻기 위해 상황에 더욱 잘 적응할 수 있도록 시스템에 영향을 주고, 그것을 디자인하는 것이다.

이를 위해 우리는 모든 행동은 반응 또는 반작용을 유발한다는 명제로 다시 돌아가야 한다. '모든 조건이 동일하다면'이라는 가정은 복합적응시스템에는 맞지 않는다.

우리가 국회의원이 되어서 사람들이 질병 등으로 인한 장기 휴직 후에 직장에 쉽게 복귀할 수 있도록 돕기 위한 보조금 제도 도입을 추진한다고 가정해보자. 보조금은 개인과 국가 경제에도 유익하고, 목적도 좋다. 그러나 막상 보조금제도가 실제로 도입되고 보니 원래 당초 목표했던 바가 어느 정도 달성되기는 했지만, 그 대신 처음에 의도했던 것과는 다르게 제도를 남용하거나 허점을 이용한 부정행위가 발생하고 있다는 것을 깨닫게 된다. 그것이 점점 용납하기 어려운 수준이 되어버려서 엄격한 감시나, 처벌 규정을 통한 강력한 제재를 고려하는 지경에 이를 수 있다. 이후에 다시 부정행위는 줄어들기 시작하다가 나중에는 처음에 감시 제도를 도입했을 때보다 부정의 정도가 더욱 심해진다. 이쯤 되면 우리는 이런 일이 왜 일어나는지 생각하게 되고, 통제와 감시 그리고 처벌이 뭔가 앞뒤가 맞지 않고 적절하지 않다고 생각하게 된다. 그래서 감시제도를 없애기로 결정한다. (지금은 선거철이라서 민심을 의식해야 하고, 그들이 원하는 대로 해주어야 한다) 그러나 얼마 되지 않아 부정행위가 다시 늘어나고 있다는 것을 알게 되었다. 이에 대한 비난의 화살은 고스란히 국회의원인 우리에게 향하게 되고, 결국 우리는 선거에서 패배하고 다른 사람이 당선된다.

충분히 있을 수 있는 시나리오 아닌가? 문제를 해결하려는 좋은 의도에도 불구하고 그 문제가 더 심각해지고 있는가? 복합적응시스템 내에서는 내놓은 대책이나 조치들이 예상치 못한 결과를 가져오고 걷잡을 수 없는 방향으로 흘러가는 경우가 있다. 이것은 한 가지 조치를 없앤다고 해서 저절로 시스템이 바로 원래의 상태로 돌아가는 것이 아니라는 것을 보여준다. 그 이유는 시스템 내 행위자들이 이미 새로운 상황에 적응하고 익숙해졌기 때문이다. 위의 예시에서 일어난 일을 살펴보자.

우선 시스템 자체의 문제인지, 일부 내용의 문제인지 살펴보는 것이 중요하다. 보조금 제도에서 부정행위의 문제를 없애기 위해서 가장 쉬운 방법은 무엇일까? 아마 보조금을 완전히 폐지하면 될 것이다. 보조금이 없으면 부정수급도 없다. 대신 보조금을 통해 해결하려고 한 당초의 문제는 해결할 수 없게 된다. 보조금을 도입한다면 또한 제도를 악용하거나 부정행위를 저지르는 자들에 대한 조치도 마련해야 한다. 이는 일부 내용의 문제이다. 이 문제는 시스템을 어떻게 설계하는가에 따라 어느 정도 완화될 수도 있고 더 커질 수도 있다. 보조금에 대한 규제 장치를 어떻게 설계하고, 감시 제도와 관련 행정 절차를 어떻게 마련하는가에 따라 제도의 악용이나 부정 수급의 양상이 달라질 것이다. 그러나 보조금과 관련 없는 다른 부문에도 영향을 미친다. 예컨대, 보조금과 무관한 다른 행정기관들도 대중을 의심하게 되고, 대중들도 공공부문을 의심하게 된다. 이처럼 전체 시스템의 운영이나 설계 방식이 문제해결 조치의 영향을 받는다.

보조금의 실질적인 도입은 어떤 사람에게는 자신의 탐욕을 챙길 절호의 찬스이다. 철저하고 엄격한 관리만이 부정 수급 문제를 감소시키고 해결할 수 있다. 그러나 단속 활동 자체가 불공정하거나 과도하여, 사람들에게 모욕감을 가져다주고, 정당한 보조금 수령자마저 부정 수급자로 취급한다면 격렬한 사회적 저항을 불러일으킬 것이다.

부당하게 취급받는다고 느끼는 사람은 '공정하게 대우받고' 싶어 할 수도 있지만, 반대로 이왕 의심받을 바에, 실제로 가능한 범위 안에서 부당한 이익을 챙기고 싶어 할 수 있다. 엄격한 감시와 강력한 처벌에도 불구하고 부정행위는 계속 발생하고 이런 조치들은 무용지물이 된다. 시스템 내 행위자들은 새로운 환경에 적응하게 되고, 이들의 태도와 행동은 변하게 된다. 그렇다고 해서 감시를 없애거나 줄이더라도 상황은 원래의 상태로 돌아가지는 않는다. 대중들의 태도와 행동도 바뀌었고, 감시와 처벌이 줄어들었기 때문에, 나쁜 사람들은 지금 하고 싶은 일, 바로 속임수를 더 거리낌 없이 사용한다.

모든 대책과 조치들은 행위자들이 새로운 환경에 적응할 수 있게도 하지만, 역반응을 불러오기도 한다. 시스템이 돌아가는 방식이 달라지는 것이다. '모든 것이 동일하다면'이라는 조건을 가정하여 생각하는 것은 불가능하다. 하나의 조치가 취소되면, 그것이 도입되던 때와는 전혀 다른 환경이 펼쳐진다. 상황은 변했고 절대로 예전의 상태로 돌아가지 않는다.

반면 앞선 예시에서 말한 감시 장치가 잘 설계되고 효과적으로 수행되었다면, 시스템 자체에서 발생한 문제들뿐만 아니라 속임수도 많이 줄어들었을 것이다.

보조금을 사례로 설명했지만, 이런 사고방식을 세금 문제에도 적용해 볼 수 있다. 세금 제도가 도입되면 누군가는 그 제도를 기반으로 부정행위를 하려고 할 것이다. 세금이 있는 한, 부정은 계속 있을 것이고 언젠가는 그 시스템의 일부가 되어버리게 될 것이다. 이런 문제들은 복합적응시스템을 기반으로 조세 제도를 설계하고, 이에 적합한 감시 및 관리 방식을 개발한다면 해결될 수 있다.

시스템의 문제는 그야말로 심술궂은 골칫거리에 견줄만하다. 복합적이고 많은 요인이 서로 얽혀있기 때문에 해결이 어렵거나 어쩌면 해결이 불가능한 문제일 수도 있다. 복합적응시스템 안에서 경제, 사회정책을 수립할 때가 그렇다. 이러한 심술궂은 문제들을 해결할 수 있는 해결책은 결코 없다. 문제를 좀 더 줄일 수 있을 뿐이다. 엄격하게 감시하고 상당히 강도 높은 처벌을 통하여 보조금 악용 문제를 해결한다 해도 이런 조치들은 애초 해결하려고 했던 문제보다 훨씬 더 심각한 다른 문제로 이어진다. (예컨대 이로 인해 생겨난 분노로 인해 그들은 다른 분야에서 새롭게 부정행위를 하기 시작한다.)

시스템의 문제를 줄이고자 시행한 조치들로 인해 또 다른 부정적인 효과가 생겨나는 경우가 많이 있다. 어떤 제도의 장점이 단점보다 더 많은 상황에서는 새로운 조치를 하기가 더 어렵다. 그러나 우리가 올바른 방식으로 설계하고 실행한다면 가능하다. 이렇게 '올바른 방식'으로 설계한다는 것은 상황에 따라 영향을 받는 시스템에 관한 정확한 지식과 이해가 있어야만 가능하다. 우리는 시스템 내의 행위자들의 행동방식과 그 행동에 영향을 주는 시스템 내의 다른 요인들은 무엇인지를 함께 이해해야 한다. 이를 위해 미리 만들어진 공식은 없다.

복합적응시스템에서는 특정한 조치가 가져올 효과를 예측하는 것은 불가능하다. 예를 들면 속임수를 해결하려고 시도한 어떤 조치가 항상 예상했던 대로 효과를 발휘할 것이라고 미리 단정하는 것은 불가능하다는 말이다. 예상되는 효과를 가늠해 보는 것은 가능하지만 그렇다고 해서 그 조치로 인해 그런 효과가 분명히 나오게 될 것이라고 단정 지어 말할 수는 없다. 이것 역시 상황을 따져봐야 한다. 원인과 효과 사이의 관계는 그리 간단하거나 1차원적이지 않다. 그 관계는 역동적으로 변한다.

보조금이나 세금 또는 어떤 문제이든 상관없이 조치들은 때로는 예상하지 못한 부작용을 가져오기도 한다. 이것은 전혀 이상할 것이 없다. 의약품처럼 효능과 부작용으로 굳이 구분하는 것이 오히려 이상하다. 이런 구분은 우리가 원하는 효과를 기준으로 임의로 나누는 것이다. 복합적응시스템에서는 하나의 행동의 결과가 반드시 우리가 기대했던 효과와 역효과로만 나타나지는 않으며, 예상치 않았던 여러 가지의 다양한 효과들이 발생할 수 있다.

경제가 호황을 누리면 정치인들은 자신들이 내놓은 정책이 제대로 효과를 발휘한 것이라고 주장한다. 반면 경제가 불황에 접어들면 자기와는 무관한 외부 환경 탓으로 돌린다. 그러나 시장 경제에는 명확하고 단순한 인과관계라는 것은 없다. 정치인들이 어느 정도로 영향을 끼칠 수는 있겠지만, 경제는 언제나 호황과 불황을 반복하기 마련이다. 이것은 전 세계의 수많은 다양한 행위자들의 행하거나 행하지 않은 많은 결과가 누적되어 나타나는 결과물이다.

지각판의 움직임을 생각해보자. 우리는 일상에서 이 미세한 움직임을 인지하지 못한다. 물론 지진의 위험은 있을 수 있다고 생각하더라도 말이다. 우리가 사는 대륙이 지구의 반대쪽으로 이동하는 모습은 평생 보기 힘들 것이다. 지각판의 움직임을 전혀 인식하지 않은 채 무시하고 살아갈 수는 있지만, 지구의 생성과 지금까지의 변화의 전 과정을 연구하다 보면, 지각판의 움직임을 분명히 확인할 수 있다.

경제학자들은 여러 가지 경제 지표들과 경제 침체 위기 사이에 관련성을 알아내려고 노력하고 있고, 그 노력의 결과로 종종 그럴듯한 학문적 결과를 얻게 된다. 그러나 경제와 관련된 지표들은 절대적인 것도 아니고 완전히 신뢰할만한 것도 아니다. 또 많은 경제학자가 말하는 것처럼 경제 지표는 그것이 더는 유효하지 않을 때까지만 유효하다.

그러므로 문제를 해결한다는 것은 항상 새로운 것을 배우는 것이고, 현재의 시점에서는 어떤 가능성이 가장 큰지 확인하는 것이기도 하다. 최적의 결과를 얻기 위한 방법을 알아내는 것은 불가능하다. 단지 더 좋거나 덜 좋은 수많은 해결책이 있을 뿐이다. 복합적응시스템에서는 목표끼리 충돌할 수도 있고 A는 성공시켰지만, B는 잘 안될 수 있다. 기대치 못한 일이 일어날 수도 있다는 점을 항상 염두에 두어야 한다.

문제 해결이란 복합적응시스템의 내부 생태계를 파악하고 이해하여 '복합적인' 것과 '복잡한' 것을 구별하는 것이다. 이것이 바로 시스템을 행위자와 과정들의 집합체로 볼 것이 아니라, 시스템 그 자체를 전체적으로 바라보아야 할 이유이다.

과정보다는 전체를 바라보라

때때로 시스템은 여러 가지 다른 과정들의 조합이라고 설명된다. 이 설명은 잘못된 것이 아니다. 복합적응시스템일지라도 과정이라는 것이 있다. 시스템이 특정 시점에서 정지했다고 가정하고 바라보면 나름의 과정이 있음을 볼 수 있다. 하지만 이것은 어디까지나 가정일 뿐 복합적응시스템은 정지시킬 수 없다는 것이다. 시스템은 끊임없이 변하고 있기 때문이다.

시간을 거슬러서 추적하는 방식으로 과정을 짚어보면, 발생한 일을 설명할 수 있다. 그러나 과정만으로는 무슨 일이 일어났는지 제대로 알 수 없다.

우리가 매일 같은 경로로 출근한다고 가정해보자. 같은 가판대를 항상 지나친다. 그러나 거기에 들러서 무언가를 사는 일은 별로 없다. 우리가 하는 행동과 이동 경로는 거의 매일 같다. 이러한 경로와 활동을 하나의 과정으로 설명할 수 있다. 그리고 그 과정은 충분히 예상 가능한 일로 채워져 있다. 그러나 어떤 날은 우리는 가판대에서 불쑥 초콜릿을 살 수도 있다. 왜냐는 질문을 받는다면 특별한 이유가 있어서가 아니라 그냥 초콜릿이 먹고 싶어서라고 할 것이다. 이런 것은 자유롭게 선택할 수 있는 문제이다.

사실이 그렇다. 그러나 좀 더 상세하게 조사를 해보면 그날 우리는 아침을 대충 먹었을지도 모른다. 또 평소보다 일찍 집에서 나왔기 때문에, 평소에는 주의 깊게 보지 않았던 사탕 광고판이 눈에 들어왔을지도 모른다. 그리고 우연히 버스에서 초콜릿을 먹으며 앉아 있는 사람을 발견하고 바라보기도 했을 것이다. 운동도 했고, 업무도 마감일 전인 어제 다 마쳤기 때문에 현재 만족스러운 상태이다. 우리 뇌속에 있는 코끼리와 기수가 합의하여 우리를 가판대로 가게 만들고 초콜릿을 사서 먹도록 만들었다. 이 모든 것이 하나의 과정으로 묘사될 수 있다.

이런 과정들이 미리 계획되거나 예측할 수 있을까? 우리가 변수가 될 만한 모든 요소를 이미 다 알고 있다고 해도 말이다. 여기에 묘사된 모든 요소와 상황은 그 전날에도 존재했었다. 그러면서도 항상 조금씩 다른 무언가가 있었다. 광고판에 나온 것이 예전만큼 구미가 당기지 않은 날도 있었다. 아침에 큼지막한 바나나를 먹었기 때문이다. 복합적응시스템은 초기 조건의 아주 작은 변화에 매우 민감하다.

물론 과정은 존재한다. 복합적응시스템일지라도 과정이 있으니까 말이다. 그것이 존재하는지 여부는 문제가 아니다. 오히려 과정 안에서의 사고가 합리적인가가 중요하다. 때로는 말이 되기도 하지만, 말이 안 될 때도 있으니 말이다.

　탁자에 놓인 얼음덩이를 상상해보자. 지금 녹고 있다. 다 녹으면 탁자 위에 고인 물이 어떤 모양을 갖게 될까? 이론적으로는 얼음이 녹는 과정은 자연의 법칙에 따르는 것이기 때문에 그 결과인 물의 모양도 계산이 가능해야 한다. 그러나 실제로는 불가능하다. 조금 전의 질문에 답할 방법은 그 과정이 그냥 진행되도록 내버려 두고 무슨 일이 일어나는지 지켜보는 것뿐이다. 다음 질문은 그 과정이 가역적인가 하는 것이다. 얼음이 녹는 것을 관찰해도 원래 그 얼음의 크기와 모양을 계산해 낼 수도 없다. 이것은 이론적으로나 현실적으로 모두 불가능하다. 예측도 안 되고 되돌릴 수도 없다. 온도를 낮추어서 원래의 얼음덩이로 다시 만들 수도 없다.

　복합적응시스템의 경우, 무엇보다도 시스템을 전체적으로 바라보는 것이 중요하다. 모든 과정을 다 일일이 들여다보고 그것들을 모조리 이해하려는 것은 항상 가능하지도 않거니와 별 의미도 없다.

복합 시스템은
견고하고 불안정하다

    가끔 초콜릿을 사는 사람이 비단 우리만은 아닐 것이다. 많은 사람이 그렇게 한다. 거기에는 아마도 위에 나온 예시처럼 예상하지 못한 여러 복합적인 이유가 있을 것이다. 모든 사람의 행동은 시간이 흐르면서 변하기 마련이고 초콜릿을 사는 것도 불규칙한 습관일 수 있다. 그러나 전체적인 시스템 안에서 초콜릿에 대한 수요의 총합은 매우 일정한 상태를 유지한다. 수많은 개인들에게는 큰 변화로 보일지라도 전반적인 시스템 안에서는 작은 요동에 불과하고 결국 시스템은 전체는 큰 변동이 없다.

    많은 사람이 매년 이사를 하거나 직업을 바꾼다. 그러나 상대적으로 부동산 시장과 노동 시장은 아주 안정적이고 변화가 더디다. 가끔 갑작스러운 변화가 들이닥치는 예외적 상황은 있다. 주식 시장이 붕괴하고 심각한 경기 후퇴기가 오거나 주택 가격이 폭락하여 주택 시장에 대혼란이 초래될 수도 있다.

위의 두 현상은 미시적인 수준에서만 의미 있는 변화가 일어난 경우이다. 물론 거시적 차원에서 큰 변화가 일어나는 경우도 있을 수 있다. 이런 일이 때로는 완전히 우연히 일어나기도 한다. 아주 우연히 거의 모든 사람들이 동시에 초콜릿 바를 구입하겠다고 몰려들어 가판대 주변에 일대 혼란이 일어나는 경우가 있을 수도 있다. 코코아 가격이 크게 하락했거나 광고 캠페인이 보기 드물게 성공하면, 많은 사람이 동시에 유사한 행동을 한다.

이는 독립적으로 행동하면서도 상호작용을 하는 많은 행위자가 모인 복합 시스템에서 생겨날 가능성이 있는 결과이다. 그러나 대체로 미시적인 수준에서는 큰 혼란처럼 보일 수 있으나 거시적으로는 별 탈 없이 안정적으로 돌아간다. 이런 점이 복합 시스템을 견고하게 유지하는 힘이다. 이처럼 복합 시스템은 변화를 다루고 흡수한다.

반면 복합적응시스템은 안정적이지 않고, 결코 평형상태에 도달하지 않는다. 그들은 때때로 안정되어 보이긴 해도 계속 변하는 중이다. 어떤 일이 우연히 아주 동시에 일어나기도 하고, 겉보기에는 작은 일이 일어나 큰 결과를 초래할 수 있다. 이 점을 고려할 때 크고 갑작스러운 변동은 예상 가능하며 예상치 못한 일이 일어날 가능성도 충분히 예상할 수 있다.

나심 니콜라스 탈레브는 이러한 견고함과 불안정성의 결합을 안티프래질Antifragile; 스트레스에 더 강해지는 속성 - 옮긴이이라는 개념으로 잘 표현했다. 모순 같은 이야기지만, 복합적응시스템은 고정적이고 유연하지 않다는 점에서는 견고하지 않으며, 예상치 못한 변화와 충격을 흡수할 수 있다는 점에서 오히려 강하고 견고하다. 또 이 시스템은 취약하고, 연약해 보인다는 점에서 오히려 불안정하고 계속 변한다는 점에서도 불안정하다. 이 불안정성이 시스템의 적응력과 회복력을 만들어 내는 동력이기도 하다.

탈레브는 복합적응시스템에 학습하는 능력도 추가했다. 이 시스템은 안티프래질한 특성이 있기 때문에 시간이 지나면 문제를 해결하거나 변화를 조정하는 일에 오히려 더욱 더 능숙해 질 수 있다는 것이다. 이것은 우리가 실수로부터 배우는 것과 같은 맥락이다. 효과가 없는 해결책을 시도해보면서도 우리는 무언가를 배우게 된다. 실패는 좋은 스승과도 같다. 더 많이 배울수록 시스템은 더욱 개선될 것이다. 예상치 못한 결과도 결국 보다 심층적인 지식을 갖출 수 있는 소중한 자산이 될 수 있다.

반면 복잡한 시스템들은 예상치 못한 변화를 감당할 수 없기 때문에 취약하다. 이 시스템은 예측이 불가능한 세계에서는 도무지 살아남지 못한다. 이와는 대조적으로 복합적응시스템은 예측할 수 없는 세계에서도 생존할 수 있을뿐더러 아니라 더욱 개선된다.

멘탈모델로서의
복합적응시스템

우리 인간은 복합적이고 다양한 문제들을 갖고 있다. 이러한 문제에는 복합적이고 다양한 해결책이 필요하다. 이를 고려할 때 인간 행동을 단순하고 1차원적인 관계를 기반으로 이해하고 묘사하는 것이 불가능한 것은 분명하다.

"몇 개의 빵을 구워내야 할지 누가 결정하는가?"라는 질문은 시장경제 체제에 이미 익숙한 우리에게는 웃음이 나올 수밖에 없는 질문이다. 하지만 우리도 때때로 비슷한 질문을 하고 같은 방식으로 생각한다. 왜 어떤 사람들은 범죄를 저지르는가?

우리가 이 질문에 간단히 답할 수 있다고 생각한다면, 사람은 복합적응시스템 안에서 행동하는 복합적인 존재라는 사실을 무시하는 것이다.

세상 어디에도 간단한 답변이란 없고 가능한 답변들만이 있다. 사람들은 사람과의 관계 속에서 상황에 따라 여러 가지 이유로 범죄를 저지른다.

얼마나 빵을 구워내야 할지 파악하려는 중앙 관료들은 인구 규모와 밀가루 가격 등의 정보와 경험을 바탕으로 필요한 빵의 개수를 대략 추측할 수는 있다. 빵 소비와 인구, 밀가루 가격 사이에는 분명 어떤 상관관계가 있을 것이다.

관료들이 합리적인 방식을 통해 제대로 추측해낸다고 할지라도 어떤 특별한 휴일에는 인구의 상당수가 다른 식사 패턴을 보일 수 있다는 점을 놓칠 수도 있다.

빵의 수요에 영향을 줄 수 있는 요인들이 계속 변하기 때문에 하나의 중앙 행정당국이 추적해야 할 사항은 생각보다 엄청나게 많다. 이처럼 복합적인 문제에 복잡한 해결책을 사용하면 비용이 많이 들고, 비효율적이다.

복합적응시스템의 작동 원리에 기반을 둔 형상화된 이미지는 정말로 훌륭한 멘탈모델이다. 왜냐하면 인간의 행동과 관련 있는 모든 상황은 복합적응시스템 안에서 일어나기 때문이다.

그렇다고 멘탈모델로 세상의 복합성을 모두 이해할 수 있다는 뜻은 아니다. 멘탈모델은 세상을 단순화시킨 것에 불과하고, 있는 그대로 이해하고 대면할 수 있도록 도움을 주는 것일 뿐이다.

그러나 복합적응시스템도 안정적이면서 예측 가능한 복잡한 과정을 포함하고 있기도 하다. 예를 들면 열대 우림은 광합성과 물, 생태계 등의 영향을 받는데, 이들은 모두 서로에게 영향을 주는 복잡한 과정이다.

역동적으로 생각하고 복합성을 이해한다는 것은 복잡한 세상에 맞춰진 멘탈모델을 거부해야 한다는 의미가 아니다. 오히려 복잡한 멘탈모델은 복잡한 맥락에서 우선 사용되어야 한다. 컴퓨터와 점보제트기는 복잡하다. 우리는 물론 거기에 맞는 멘탈모델도 필요하다. 요점은 '복잡한 것'과 '복합적인 것'을 구별해야 하고, 복잡한 영역에서 만들어진 멘탈모델이 복합적인 세계에서는 거의 들어맞지 않는 것을 알아야 한다는 것이다.

조건과 환경

도로에서 과속하면서 난폭하게 운전하는 운전자가 다른 차를 추월하려고 하는 모습을 목격한 적이 있는가? 그 당시 그런 사람을 '미치광이'라고 생각하거나 혹은 다른 표현으로라도 그 난폭 운전자의 성격이나 판단 능력에 대해 한마디 한 적이 있는가?

　또 회의에 숨을 헐떡이며 뒤늦게 도착한 참석자를 보면서 '시간도 못 지키는 정말 몰상식한 사람'이라고 생각해 본 적이 있는가?

　반대로 당신이 회의에 늦어 본 적이 있는가? 그 이유가 의지가 약한 당신의 성격 때문이었는가, 아니면 교통 체증과 같은 외부상황 때문이었는가?

　우리가 이런 정도의 가능한 시나리오를 인지하는 수준이라면 사실 걱정할 필요가 없다. 우리는 보통 다른 사람의 행동을 토대로 그들이 어떤 사람인지에 대해 설명하려고 한다. 과속했던 사람은 평상시에는 매우 조심성 있게 행동하는 사람인데, 그때 하필이면 병원에 급하게 가야 하는 상황이었을지도 모른다.

이처럼 사람들이 보여준 행동에는 그럴 수밖에 없었던 그때만의 외부상황이란 것이 있었을 수도 있다. 그럼에도 우리는 그것들을 쉽게 놓치고, 대신 그 사람의 그때의 행동만으로 그들의 성격을 쉽사리 단정 지어 버린다. 적어도 좋지 못한 행동을 한 사람에 대해서는 더 그렇다.

이렇게 누군가의 행동을 설명할 때, 그럴 수밖에 없었던 어떤 외부상황이 있음에도 불구하고, 그 사람의 성격과 관련지어 설명하려는 속성을 '기본적귀인오류Fundamental attribution error'라고 부른다. 우리는 어떤 행동의 이유를 잘못된 원인 탓으로 돌린다. 이러한 오류로 인해 우리는 자주 맥락과 상황의 중요성을 과소평가하게 된다.

사물을 있는 그대로 바라보고 세상에서 무슨 일이 일어나고 있는지 이해하려면 전제조건과 주변 환경을 먼저 이해하는 일이 매우 중요하다. 적어도 사람들과 관련된 문제인 경우는 더욱 더 그렇다.

기계적인 과정에 대해서는 정황을 고려할 필요가 없다. 하지만 우리 인간은 상황과 떼어 생각할 수 없다. 맥락은 우리의 행동과 생각에 영향을 미치기도 하고, 영향을 받기도 하기 때문이다.

자연의 구조와 과정은 우리가 어떻게 자연을 이해하는지에 따라 변하지 않는다. 고대 사람들은 만물이 흙, 공기, 불과 물 등 네 가지 요소로 구성되어 있다고 믿었다. 이러한 믿음은 무려 2천 년 이상 지속하여 왔다. 자연은 어떤 것에도 영향을 받지 않았고 그저 생겨난 그대로 유지됐을 뿐이다. 자연법칙은 우리의 인식에 따라 변하는 것이 아니다.

　이와는 반대로 인간 사회와 시스템은 우리가 바라보는 관점에 따라 변한다. 어떤 유명한 사람이 사회 발전은 계급투쟁의 역사라고 말하거나, 사람은 죽으면 천국으로 간다는 생각을 말하기 시작하면 그것이 참이든 거짓이든 상관없이 사람이 하는 일과 사회에 큰 영향을 미칠 수 있다. 인간이 처한 상황은 우리가 어떻게 인식하는가에 따라 달라진다. 인간의 복합적응시스템은 자연법칙, 외부환경, 그리고 이에 대한 우리의 인식 등과 밀접한 관련성이 있을 수밖에 없다.

우리가 있는 곳이
우리의 정체성에 영향을 끼친다

지정학은 지리학적 관점에서 정치와 국가의 행위를 바라보는 것이다. 한 국가의 지리적 위치는 국가의 재량권과 통제권 행사에 필요한 여러 가지 조건을 만들어낸다. 지리적 위치는 사람들에게도 언제나 중요한 것이었다. 사냥꾼들과 채집자들은 식량을 구하고, 자신을 보호할 만한 보금자리를 찾는 데 지정학을 활용한다. 사람들은 농사를 짓기 시작하면서 지속가능한 토질과 적합한 기후를 가진 지역을 찾으려고 노력하기 시작했다.

오늘날의 기술 발전에도 불구하고 우리가 어디에 사는가는 매우 중요하다. 예를 들자면, 러시아와 중국, 미국, 그리고 일본은 각기 다른 국가 정체성을 갖고 있다. 우리는 어느 나라에 살든, 출신 국가에 따른 정체성을 가지고 있다. 국가 정체성은 크게는 역사의 발전 과정에 따라 형성되지만, 지리적 요인의 영향도 크게 받는다.

1941년 일본은 미국을 공격했다. 가장 큰 이유는 천연자원 수입을 위해 안정된 해상수송로를 확보하려면 태평양을 장악할 필요가 있었기 때문이다. 천연자원이 부족한 섬나라 일본의 지리적 조건이 그들로 하여금 전쟁을 하게 만든 것이다. 미국은 태평양에 긴 해안선을 가지고 있다는 점을 기반으로 태평양을 통제하고 싶어 했다.

중국은 지리적 위치 덕분에 대륙으로부터 받는 공격을 비교적 잘 방어할 수 있었다. 중국의 국경은 산맥, 정글과 사막으로 둘러싸여 있다. 또 해양으로부터 공격을 받을 수 있기 때문에 중국은 항공모함을 확보하고, 남중국해에 인공 섬을 짓는 데에 큰 관심을 두고 있다. 여기에 더하여 기후의 특성상 내륙으로 갈수록 강우량이 적다는 점에도 영향을 받는다. 해안 지역은 해상수송로를 이용해 교역 물자를 이동시키기 용이하기 때문에 해안 지역이 내륙 지방보다 훨씬 윤택한 생활을 누리고 있다. 이러한 소득의 차이는 지역 간 갈등 요인을 만들어 냈다. 중국 지도자들은 누구나 이러한 긴장 요인을 고려해야 한다. 그들의 최우선 과제는 중국을 하나의 국가로 결속시키는 것이다. 사실 이것은 어떤 정부의 형태를 가지든지 지도자 홀로 감당하기 어렵고 그들의 역할은 한계에 직면하게 된다. 중국 지도자들은 빈곤층이 많아지는 것을 원치 않는다. 빈곤층의 불만이 쌓이게 되면 혁명으로 이어질 수 있기 때문이다. 동시에 중국 지도부는 해안 지역에 거주하는 부유 계층의 지원에 전적으로 의존할 수밖에 없다.

반면 러시아는 국경을 구분해주는 광대한 자연 방어벽이 없다. 특히 중부 유럽에 접한 서부 국경이 그렇다. 러시아는 역사적으로 다른 국가로부터 여러 번 침략을 당했다. 이것이 바로 러시아와 이전의 소비에트 연방이 국방을 위한 완충지대를 갖고 싶어 한 이유이다. 그런 완충지대를 역할을 할 수 있는 주요 국가들을 거론해 보자면 벨라루스, 우크라이나 등을 들 수 있다. 이런 맥락에서 미국 분석 기관인 '지정학적 미래Geopolitical Futures'는 러시아가 우크라이나와 시리아에 자행한 일들은 지정학적 위치와 역사적 경험에 비추어 이해될 수 있다고 말한다.

러시아는 2014년, 우크라이나에서 야당이 권력을 잡게 되자, 우크라이나의 새 정권이 서방 국가와 가까워지려고 한다고 판단했다. 러시아는 야당 집권의 배후에 러시아를 위협하려는 서방세계의 지원이 있었다고 생각했다. 러시아는 이를 용인할 수 없었고 대책이 필요했다. 러시아는 크림반도를 병합하기로 했다. 사실 그 이상 할 수 있는 대안도 없었다. 하지만 서방 국가는 이 행동을 위협적이고 공격적이라고 해석했다. 이로 인해 러시아와 서방국가들은 대치하게 되었지만, 러시아도 크림반도 합병이 전략적으로 국가 안보에 중요하다고 보았기 때문에 물러설 수 없었다. 러시아는 피하고만 싶었던 서방 세계와의 충돌 없이는 우크라이나를 완충지대로 만들 수 없었다.

2014년 유가가 하락하면서 러시아의 경기침체가 시작되었다. 늘 위협을 느꼈던 러시아는 힘이 약해졌다. 러시아 사람들은 미국이 이런 약점을 이용할까 두려워했다. 러시아는 미국으로 하여금 우리가 강자라고 착각이라도 하게 해야 한다. '지정학적 미래'는 러시아의 시리아 침공이 이 모든 것을 설명해준다고 말했다. 시리아는 러시아에 전략적으로 중요한 나라가 아니었다. 그러나 러시아는 자신들이 건재함을 시리아 침공을 통해 과시하면서 미국과 맞설 수 있는 충분한 힘을 가지고 있다는 인상을 남겨 놓고 싶었다.

지리적 입지는 다양한 조건을 만든다. 그 조건에 따라 우리의 경험과 무엇이 중요한가에 대한 관점이 달라지기 마련이다. 다른 사람의 관점을 이해하려면, 그들이 처한 상황에 대해 이해하는 것이 중요하다. 러시아는 크림반도 합병을 방어 수단으로서 생각했다. 서방의 위협에 대한 대응이었다. 서방 국가는 러시아의 크림반도 합병을 서방에 대한 공격으로 인식했다. 시리아에서 러시아가 취한 군사 행동은 여전히 러시아가 공격 의지를 갖고 있음을 보여주는 또 다른 증거라고 여겨졌다. 달리 보면 그 자체가 러시아의 약점을 확인 시켜 주는 셈이었다. 물론 이것이 '올바른' 해석이 아닐 수도 있다. 여기서 핵심은 우리가 갈등 상황을 제대로 파악하기 위해서는 다른 관점에서도 바라보고 이해해야 한다는 점이다. 관점은 다양한 상황들에 영향을 받기 마련이다.

우리가 사물과 상황을 자신만의 상황과 과거의 경험에 근거한 관점으로만 바라본다면, 상대방을 제대로 이해하지 못할 수도 있다, 다른 사람의 관점을 이해하고, 우리와는 다른 조건이나 환경이 이런 관점 형성에 어떻게 영향을 미쳤는지를 살펴보아야 한다. 어떤 것을 이해하기 위해서, 반드시 그것에 동의하거나, 그것만이 진실이라고 생각할 필요는 없다.

지정학은 또 다른 교훈을 준다. 사람과 그들의 성격은 우리가 생각하는 것만큼 큰 의미가 없다. 지도자들은 역사와 조건으로부터 자유로울 수 없다. 물론 한 개인이나 성격이 중요하지 않다고 말하고자 하는 것은 아니다. 히틀러나 마오Mao 같은 인물이 등장하지 않았다면 세상은 지금과는 크게 달라졌을 것이다. 사람들은 저마다 서로 다른 사상이나 아이디어, 그리고 그들만의 의견을 갖고 있다. 히틀러나 마오가 한 일은 그들이 혼자만의 힘으로 한 일은 아니다. 그들은 각자의 역할을 담당하는 다른 사람들과 영향을 주고받았고, 그들의 생각이나 행동은 지정학이나 기후와 역사와 전혀 무관하지는 않았다.

고고학자이자 역사학자인 이언 모리스Ian Morris는 역사는 새로운 문제를 계속해서 만들어내는 세계에 계속해서 적응해 나가는 긴 여정이라고 말했다. 기후, 지리, 생태, 지질은 역사에 매우 큰 영향을 미친다. 예를 들면, 영국이 갖고 있던 석탄 자원은 초기 산업화의 밑거름이 되었다. 물론 석탄 때문에 산업화가 일어난 것은 아니었다. 지식과 아이디어에 대한 열린 태도 덕분이기도 하다. 그리고 유럽 계몽주의 시대에 섬나라 영국은 지리적 상황으로 인해 해상 선박을 기반으로 한 무역에 대한 관심이 매우 컸다.

유럽이 세계에 식민지를 개척해 나갈 때, 식민지 원주민 인구의 대부분이 유럽인들에 의해 전파된 세균이나 바이러스로 인해 사망하는 일이 일반적이었다. 재레드 다이아몬드Jared Diamond;미국의 과학자이자 작가, 널리 알려진 저서로는『총, 균, 쇠』가 있다. - 옮긴이는 한 가지 흥미로운 질문을 던진다. 왜 반대의 상황은 일어나지 않았던 것일까? 유럽인들은 왜 균으로 인한 질병으로부터 살아남았을까? 그 답은 지리와 생물학적 요인에 있다.

한 장소에 밀집해서 부대끼며 사는 사람들에게는 질병이 더 쉽게 퍼진다. 몇몇 사람들이 무리 지어 여기저기 떠돌아다니며 사냥이나 채집을 하는 사회보다 농경사회는 여러 가지 질병에 최적화된 환경을 조성했다. 여러 가지 질병이 동물에서 사람으로 전염되었다. 사람들은 다양한 동물을 사육하고, 이들과 가까이 살기 시작하면서 동물로부터 질병을 옮기도 했다. 동물과 식물, 그리고 기후 조건이 가축을 키우는 농경사회의 발달로 사람들은 더욱 여러 가지 질병에 시달리게 되었다. 그러나 시간이 지나면서 사람들에게 전염되는 질병에 대한 면역력이나 회복력이 생기게 되었다. 당시 유럽인들은 사냥과 채집 생활을 하던 원주민을 만나거나, 가축을 많이 사육하지 않는 지역의 원주민을 만난 것이다.

조건이 달라지면 가능성도 달라지고, 발생하는 문제도 달라진다. 사람들이 활용하는 기회와 직면하고 해결해야 하는 문제는 궁극적으로 사람과 동물들 모두가 처한 상황을 변화시킨다.

역사가 발전하는 방식은 대개 한 가지 요인에 좌우되지 않는다. 역사는 발전을 이끌어내고 영향을 끼치는 여러 가지 조건들이 합쳐진 결과물이다. 각 조건들 안에서도 작은 변화들이 일어나고 있기 때문에 결과는 한층 더 다양한 모습을 갖는다. 나비의 작은 날갯짓과 날씨의 변화를 생각해 보라. 이와 유사한 법칙이 역사적 발전에도 적용된다.

자연법칙,
동물과 네트워크

제국은 일어났다가 멸망하지만, 도시는 계속 남는다. 로마 제국이 거의 천 년간 지속하였다는 점은 실로 대단한 일이지만, 로마^Rome라는 도시는 지금도 건재하다. 알렉산더 대왕의 제국은 단명했지만 이집트에 있는 알렉산드리아^Alexandria는 여전히 그 자리에 남아있다. 물론 도시들이 반드시 영원히 살아남는 것은 아니다. 오래 지속하다가 지금은 사라진 도시들도 많다. 하지만 대개의 도시는 잘 버텨낸다. 예리코^Jericho는 10,000년 이상 안정적인 인구를 유지하며 존재한 도시이다. 예리코가 그 당시에는 도시로 불릴 수 없었다고 말할 수 있지만, 역사가 무척 오래된 다른 도시들은 많이 있다.

왜 도시들은 이렇게 오래 살아남는가? 반면 왜 대부분의 기업의 수명은 수십 년을 넘기지 못하는가? 왜 코끼리는 쥐보다 수명이 길까? 이것들은 신진대사와 관련된 질문이 아니다. 상황과 환경의 중요성을 보여주는 것이다.

쥐의 수명은 약 2~3년이다. 반면 코끼리는 75년까지 살 수 있다. 제프리 웨스트Geoffrey West와 브라이언 엔퀴스트Brian Enquist, 그리고 제임스 브라운James Brown 등의 학자들은 그 이유를 설명하는 이론을 발표했다. 그들은 신진대사나 영양소들이 에너지로 전환되는 것과 관련성이 있다고 주장했다.

동물의 몸집이 크면 클수록 신진대사에는 더 효율적인 것처럼 보인다. 하지만 다른 동물에 비해 크기가 두 배인 동물이 생존을 위해 반드시 두 배의 에너지가 필요한 것은 아니다. 70-75퍼센트 정도만 더 필요하다. 신진대사는 동물의 크기에 비례하지는 않는다는 것이다. 그 이유는 무엇일까?

연구자들은 여러 가지 포유동물들을 비교해 보고 그들의 몸집 크기와 수명 사이에 관련성이 있다는 것을 발견했다. 몸집이 큰 동물들은 작은 동물들보다 오래 산다. 크기가 작은 동물들은 수명이 짧은 데 반해 큰 동물은 수명이 길다. 하지만 종류는 달라도 살아 있는 동안의 평균 심장 박동 수는 비슷하다. 박동 수는 동물의 종류와 상관없이 약 15억 회 정도라고 한다. 다시 말하면 몸집이 작은 동물의 심장 박동 수가 큰 동물보다 더 빠른 것이다.

그러나 이러한 상관관계는 의심해 볼 필요가 있다. 예외도 많기 때문이다. 예를 들면 (오늘날의) 우리 인간은 이 이론에 의해 계산한 것보다 훨씬 더 오래 산다. 우리에게 15억 번 심장 박동 수만 허락된다면 그 기간은 약 40년에 해당한다. 그러나 몸집 크기와 수명 사이에는 분명한 관련성이 있어 보이기 때문에, 그 원인을 찾는 일은 충분히 흥미로운 일이다.

　우선 순수하게 수학적인 관점에서 원인을 하나 찾아볼 수 있다. 이제 정육면체의 넓이와 부피를 계산해 보자. 문제를 단순화하기 위해 동물을 하나의 정육면체로 가정해 보기로 한다. 하나의 정육면체는 크기가 같은 6개의 정사각형 면으로 구성되어 있다. 우리는 한 변의 길이의 제곱에 6을 곱하여 표면적을 계산할 수 있다. 또 한 변의 길이를 세제곱하면 부피를 구할 수 있다. 만일 한 변의 길이가 1이라면 표면적은 6이 되고(1 x 1 x 6), 부피는 1이 될 것이다. (1 x 1 x 1)

　다음 그림은 한 변의 길이(X축)가 두 배로 늘어날 때마다 그 표면적과 부피(Y축)가 어떻게 증가하는지를 보여준다. X축의 각 눈금 하나는 정육면체의 한 변이 두 배 늘어났음을 보여준다.

정육면체의 한 변의 길이가 두 배로 늘어남에 따른 넓이와 부피의 변화

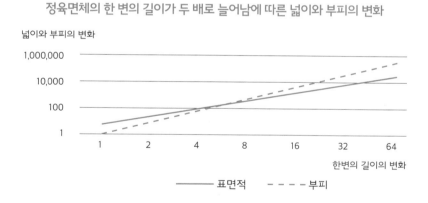

　우리가 계산한 대로 부피는 1에서 시작하고 넓이는 6에서 시작된다. 이 때 각 변의 길이는 모두 1이다. Y축의 눈금 하나의 간격은 일정하지 않다. 즉, Y축의 눈금은 1, 2, 3의 크기로 증가하지 않고 눈금 하

나당 10배씩 늘어난다. 표면적과 부피가 기하급수적으로 증가함에도 그 증가세가 직선으로 표현되는 것은 이 때문이다. 이런 방법을 사용하지 않으면 종이 한 장에 이 도표를 정상적으로 그려내기 어렵다.

도표에서 부피는 표면적보다 훨씬 빠르게 증가하는 모습을 보여준다. 처음에 부피는 표면적보다 작지만, 곧 부피가 더 커지게 된다. 표면적은 2차원적(가로와 세로)으로 증가하고 반면 부피는 3차원적(가로와 세로, 그리고 높이)으로 증가하기 때문이다. 이러한 모델로부터 우리는 몸집이 큰 동물은 작은 동물에 비해 상대적으로 부피는 크고 표면적은 작다고 결론을 내릴 수 있다. 몸집이 작은 동물은 그 반대이다.

모든 동물과 각각의 세포는 에너지를 필요로 하고 동물의 몸집이 클수록 세포는 더 많은 에너지를 필요로 한다. 영양소가 에너지로 변환될 때는 열이 발생한다. 동물이 얼마나 많은 열을 방출할지는 그 부피에 따라 결정된다. 그리고 모든 포유류는 각 종마다 일정한 체온을 유지한다.

이는 몸집이 작은 동물일수록 체온을 일정하게 유지하기가 더 어렵다는 것을 의미한다. 몸의 표면적이 몸집에 비해 상대적으로 크기 때문이다. 반대로 몸집이 큰 동물은 표면적이 부피 비해 상대적으로 작기 때문에 몸이 잘 식지 않는다. 쥐는 몸을 따뜻하게 하기 위하여 많은 대사량이 필요하다. 반대로 코끼리는 쥐만큼 높은 신진대사를 할 수 없었다. 그들은 너무 열이 많기 때문이었다. 그래서 코끼리는 몸의 부피에 비하여 표면적을 가능한 한 늘리기 위해서 큰 귀를 갖게 되었고 몸의 털도 사라지는 방향으로 진화했다. 체온을 낮추기 위한 것이다.

그러나 연구자들은 왜 몸집이 큰 동물들이 왜소한 동물보다 대사량이 낮은지를 설명하기에는 이것만으로는 충분하지 않다고 지적한다. 뭔가 다른 이유가 있다. 그것이 바로 네트워크이다.

동물의 모든 세포에는 에너지가 공급되어야 한다. 그리고 노폐물은 제거되어야 한다. 동물의 혈액 순환이 이런 일을 담당한다. 혈액 순환시스템은 끊임없이 뻗어 나가는 혈관으로 구성된 네트워크이며 말단부의 모세혈관을 통해서 세포와의 교류가 이루어진다. 모든 포유류의 모세혈관의 크기는 대체로 비슷하다. 그러나 대동맥 등 심장에서 가까운 혈관의 크기는 종에 따라 다양하다. 인간의 대동맥은 지름이 2.5센티미터이지만, 푸른 고래는 30센티미터나 된다.

진화는 가능한 한 에너지를 적게 사용하면서 신체의 문제를 해결하는 방향으로 진행되어 왔다. 그러므로 동물의 순환시스템은 가능한 적은 에너지를 사용해 모든 세포에 최대한의 에너지를 전달해야 한다. 심장은 일을 최소화하고, 네트워크 안에서의 저항도 최소화해야 한다는 것이다. 순환계를 유지 관리하는 것도 물론 중요하다. 지나치게 혈압이 높으면 혈관의 마모가 증가하기 때문에, 혈압을 적정 상태로 유지하려는 노력이 더 필요하다. 신체의 이 모든 기관과 기능은 복잡하게 연결되어 있다. 예컨대 굵은 혈관 대신 가는 혈관을 통해 혈액을 공급하려면 더 많은 에너지가 필요하다. 혈관이 갈라지면 저항은 증가하게 되고 반대 방향으로 혈액이 몰려든다. 진화를 통해 우리 혈관의 구조도 효율적으로 변화되어 왔다. 즉, 동물의 맥박도 가능한 한 천천히 뛰어도 되도록 진화했다는 것이다. 그 결과 몸집이 큰 동물의 경우 체내에서 에너지가 훨씬 더 긴 거리를 오랜 시간에 걸쳐 이동해야 하고(네트워크 구조를 고려했을 때), 이는 그들의 맥박이 더 느리게 뛴다는 의미이다.

몸집이 큰 동물은 크기에 비하여 맥박수가 낮고 신진대사도 적다. 그래서 그들은 더욱 느리게 살아가고, 천천히 성장하며, 늦은 나이에 출산하고, 작은 동물보다 더 오래 산다. 이것을 다르게 표현하면 큰 동물이 체감하는 시간의 흐름은 상대적으로 느리다고 말할 수 있다. 중요한 것은 여기에 일정한 패턴이 존재한다는 것이다.

자연법칙과 순수 수학을 이용하면 우리는 자연현상의 발생 가능성과 효율성에 대한 한계를 계산해 낼 수 있고, 그 이유를 설명할 수 있다. 누구도, 어떤 것도 자연법칙에서 벗어날 수 없다. 여기에 더하여, 진화가 단순하면서도 적은 에너지를 소비하는 방향으로 진행된다는 사실을 함께 생각하면 자연계 안의 규칙성을 어느 정도 예측할 수 있다. 앞에서 설명한 동물의 몸집과 신진대사 사이의 상관관계도 그 사례 가운데 하나이다. (그 관계가 완벽하지 않을 수도 있다.) 이런 종류의 상관관계는 우리에게 세상의 특정한 부분이 어떤 식으로 작동하는가를 가르쳐준다.

기업들과 도시들은 다양한 네트워크를 통해 에너지를 공급받아야 하는 살아 있는 유기체이다. 동물의 종에 따른 수명의 차이를 설명하는 방식으로 기업과 도시의 수명의 차이를 설명할 수 있을까?

도시, 기업,
그리고 네트워크

동물은 몸 안의 세포에 영양분을 공급하고 폐기물을 처리하기 위해 네트워크를 사용한다. 식물은 세포에 에너지를 공급하기 위한 통로와 네트워크를 갖고 있다. 이러한 네트워크는 프랙탈Fractal구조를 띠고 있다.

프랙탈은 패턴과 구조가 비슷한 형태로 끝없이 되풀이되어 전체 구조와 부분 구조 사이의 유사성이 발견되는 양상을 일컫는다. 나뭇가지가 몇 개의 큰 가지로 갈라지고, 큰 가지가 더 여러 개의 잔가지로 갈라지는 모습을 생각해 보자. 나무도 여러 개의 가지로 나누어진다. 작은 돌을 가까이에서 보면 높은 산처럼 보인다. 해안의 여러 개의 만의 모습과 해안선의 굴곡은 규모는 다르지만 모양은 유사하다. 마치 해안선이 만의 곡선의 축소판처럼 보인다. 프랙탈은 비슷한 패턴의 반복이며, 자연의 어디에서나 발견할 수 있다. 이 규칙성은 인간이 사는 환경 안에서도 발견된다.

도시를 떠올려보자. 도시에는 폐기물을 처리하고 에너지, 물과 상품을 공급하기 위한 네트워크가 필요하다. 전기와 상하수도 시스템은 커다란 본선에서 시작하여 여러 갈래로 나누어져 동물의 세포조직에 해당하는 각 가정(전기 콘센트, 부엌, 화장실)까지 도달하는 네트워크이다. 쓰레기는 어떻게든 치워져야 한다. 사람과 물자를 대로에서 좁은 골목길까지 이동할 수 있게 하려면 도로가 필요하다. 이들 모두는 도시의 신진대사라고 할 수 있는 것을 원활하게 하기 위한 프랙탈 형태의 네트워크들이다.

제프리 웨스트Geoffrey West는 저서 『스케일: 생물 도시 기업의 성장과 죽음에 관한 보편 법칙Scale: The Universal Laws of Growth, Innovation, Sustainability, and the Pace of Life in Organisms, Cities, Economies and Companies』에서 도시 안에 있는 주유소의 개수를 사례로 들었다. 도시의 인구가 증가하면 주유소의 수도 증가한다. 그러나 같은 규모로 증가하지는 않는다. 인구가 두 배가 되면 주유소는 85퍼센트가량 증가한다.

동물의 경우에서 보는 것처럼 크기에 따라 양상이 달라진다. 이 논리는 주유소의 개수에만 적용되는 것은 아니다. 한 도시의 이른바 '신진대사'를 측정하는 또 다른 방법은 전력 공급선, 상하 수도관, 길과 도로 등 도시 내부의 기반 시설 길이를 계산하는 것이다. 이것들도 인구가 두 배 증가하면 85퍼센트가량 증가한다. 도시가 커지면 효율성도 커지는 것이다. 이것을 다르게 표현하면 도시의 크기가 두 배 증가하면 15~20 퍼센트가량 기반시설이 줄어들어 에너지와 자원을 상당히 절약할 수 있다는 뜻이다. 그래서 대도시는 소도시보다 더욱 효율적인 신진대사를 한다.

하지만 도시들이 단순히 기반 시설과 에너지만으로 구성된 것은 아니다. 도시는 주로 사람들로 구성된다. 사람이 도시를 만들고, 도시를 살아 있는 유기체로 만드는 것도 사람이다. 제프리 웨스트는 사회 경제적 요인의 발전도 규칙적인 패턴을 따른다고 말했다. 도시가 성장할 때 평균 소득은 증가한다. 특허권과 레스토랑의 수가 증가하는 것처럼 말이다. 그러나 규모가 커진다고 모든 것이 다 좋아진다고 단정 지어서는 안 된다. 도시가 성장할 때, 범죄와 질병의 발생도 늘어난다. 도시의 규모가 두 배가 되면(100 퍼센트 증가) 이 모든 요소가 약 115~120퍼센트 증가한다.

도시가 커질수록 사회 활동도 많아지며 레스토랑, 박물관과 다른 문화 시설에 대한 접근성도 커지며 교육을 받거나 고소득을 창출할 기회가 커진다. 이렇게 선택의 폭이 다양하고 넓어지면서 대도시들은 많은 사람에게 매력적으로 다가간다. 안타깝게도 이로 인해 범죄율이 높아지기도 하고 질병의 위험도 더 커진다.

그런데 이런 상관관계는 모든 도시에 일률적으로 적용되지 않는다. 예를 들면, 범죄율은 일본이 미국보다 훨씬 낮다. 같은 크기의 도시라도 국가 간에 차이가 있다. 그러나 웨스트의 연구에 따르면 도시 간의 상대적인 차이에는 어느 정도 규칙적인 패턴이 있다.

도시는 여러 종류의 수많은 네트워크와 상호 작용하는 행위자로 구성된 복합적응시스템이다. 물리적인 네트워크는 도시마다 비교적 유사하다. 미국의 상하수도 공급 시스템은 효율적이지만, 일본도 비슷한 시스템을 가지고 있다. 사회적 네트워크도 비교적 유사하다. 사람들이 다른 언어를 말하고 다른 문화적 배경을 가지고 있다 할지라도 우리는 모두 호모 사피엔스 종으로 분류되는 유사한 유전자를 가지고 있다. 우리는 차이점보다 비슷한 점이 더 많다.

도시계획을 수립했다 할지라도 도시에서 나타나는 규칙적인 패턴은 의식적인 계획의 결과물이 아니다. 도시의 모습은 물리적이고 인간적인 상황에서 나타나는 모습과 행동 그리고 패턴의 결과라고 할 수 있다. 도시는 물리적 법칙이 좌우하는 물리적 네트워크와 사회적 필요와 정보 교환에 기반을 둔 인간 네트워크의 조합이라는 특징이 있다.

도시와 마찬가지로 기업과 조직은 복합적응시스템이다. 기업들도 신진대사를 한다고 말할 수 있다. 기업은 에너지, 정보, 기술, 아이디어와 자본 등이 필요하다. 가능하면 효율적으로 상품과 서비스를 제공하기 위한 것이다. 기업의 비즈니스는 네트워크 안에서 협력하는 소규모의 조직들로 구성된다. 조직은 정보, 상품과 돈을 전송하는 네트워크를 가지고 있다. 모든 직원은 업무를 수행하기 위해서 급여와 정보라는 형태의 에너지를 공급받아야 한다. 이런 의미에서 기업은 동물, 도시와 닮았다. 네트워크는 모든 '세포'에 필요한 것을 공급하고 폐기물을 제거하는 데에 필요하다.

신진대사는 유기체에 생명력을 유지하도록 하기 위해 에너지를 공급하는 것이다. 회사의 경우, 매출은 에너지 공급으로 볼 수 있다. 에너지는 유기체의 생존을 유지하기 위해 사용되고 거기에 따른 비용으로 상쇄된다. 그 차이가 장기적으로 회사가 살아남을 수 있는지를 결정하는 이윤이다.

제프리 웨스트는 여기에서도 특별한 패턴을 발견한다. 기업들은 매출과 직원의 수 사이의 상관관계를 그림으로 그리면 일직선이 형성된다. 즉 기업의 규모가 두 배가 될 때, 직원의 수도 두 배가 되고 매출도 두 배가 된다는 것을 뜻한다. (100퍼센트 증가) 비용의 경우는 달랐다. 초창기에는 비용과 규모 사이의 상관관계가 뚜렷하게 드러나지 않았지만, 어느 정도 안정기에 접어들면 비용도 규모에 비례하여 증가한다. 오래된 기업일수록 매출과 비용이 함께 증가한다. 이것은 기업들이 시간의 제한 없이 얼마든지 성장할 수 있음을 보여준다.

하지만 시장에서의 기업의 활동과 생존은 시장과 경쟁자들과의 관계가 어떠한지에 달려있다. 시장은 매년 몇 퍼센트씩 기하급수적으로 성장한다. 이윤은 매출에 따라 증가한다. 그런데 웨스트는 시장이 성장하고 있음에도 불구하고, 중견 대기업들은 성장을 멈추어 가는 경향이 있음을 발견했다. 기업의 성장곡선은 동물의 성장 곡선과 비슷했다. 초창기에는 급속히 성장하지만, 뒤로 갈수록 그 추세는 완만해지다가 결국 소멸한다.

기업들의 수명은 대체로 인간보다 짧다. 연구 결과에 따르면 주식시장에 상장된 미국 기업들은 50년 이내에 대부분 부도, 매각 또는 합병 등을 통해 어떤 식으로든 사라질 것이라고 예측되고 있다. 이미 10년 만에 절반이 사라졌다. 물론 예외는 있다. 수백 년 동안 명맥을 유지해 온 기업도 있다. 그러나 그들은 그야말로 예외이다. 혹독한 시장의 힘에 노출되어 있는 기업들은 생존하기 쉽지 않다.

그렇다면 도시는 정말 오랫동안 살아남지만, 인간, 동물 그리고 대개의 기업은 죽거나 소멸하는 이유는 무엇일까?

왜 우리는 죽는가?

모든 생명체는 결국 죽는다. 동물의 수명은 제각각이고, 이는 그 크기와 대체로 관련 있는 것 같다. 그러나 생애 중의 심장박동수는 대부분의 포유동물이 같다. 또한 단위 수량의 세포들이 생애 동안 사용한 에너지의 양도 같다. 우리는 딱 그만큼 사는 것이다. 각기 다른 속도로 말이다.

앞의 멘탈모델을 언급하면서 다루었던 엔트로피 개념을 기억하는가? 내부를 깨끗하게 하기 위해, 또는 질서를 유지하기 위해 외부로부터 에너지가 따로 공급되지 않는 한 엔트로피 또는 무질서도는 증가하게 된다. 우리 인간의 육체도 예외가 아니다. 신체는 계속해서 일어나는 다양한 화학 반응의 과정을 거치면서 노화되어 간다. 신진대사는 노화와 부식 현상을 가져오고 신진대사가 빠를수록 부식도 빠르다. 우리가 인생을 쥐처럼 빠르게 살면 수명도 그만큼 짧아진다는 의미이다. 인생을 코끼리처럼 천천히 살면 수명은 그만큼 길어진다.

우리는 노화되지만, 육체는 영리해서 다양한 방식으로 스스로를 회복하려고 노력한다. 항상 일어나는 일이다. 회복을 위해 그만큼 대가를 치러야 하는데 여기에는 에너지가 필요하다. 신체는 살아가는 데 필요한 기능을 계속 발휘하기 위해, 그리고 회복을 위해 에너지가 필요하다. 모든 회복에는 비용이 많이 든다. 진화는 에너지 효율을 증진시키는 방향으로 진행되었지만, 필요 이상으로 진행되지는 않았다. 그리하여 보통 동물의 수명은 유기체가 번식하기에 충분할 만큼 길지만 불필요하게 길지는 않다. (단 인간은 예외이다)

어린 시절에는 공급된 에너지의 상당 부분을 성장에 사용하는 반면 회복을 위해서 사용되는 에너지는 상대적으로 소량이다. 그러나 어른이 되면 생존과 회복에 더 많은 에너지를 사용하게 된다. 점차 마모되고 손상되고, 상처가 축적되어 더 기능을 할 수 없는 상태에까지 이른다. 인간은 그렇게 죽는다. 이는 육체가 강하고 회복력이 빠른 젊은 시절에는 큰 문제가 아니었던 질병이 나이가 들고 육체가 허약해지면, 위험한 것에 대한 설명이 될 수 있다.

과학이 이것을 어느 정도 변화시킬 수 있을지는 여전히 지켜봐야 하지만, 모든 동물은 진화의 결과로 만들어진 한계에 따라 각각 최대 수명을 가지고 있다.

도시와 기업의 경우에는 이 명제가 적용되지 않는다. 이들은 기본적으로 사회적 시스템이다. 물론 도시들과 기업들이 의존하는 물리적인 사회 인프라가 있지만, 그것이 도시나 기업들의 수명을 결정하는 것은 아니다. 사회 시스템 안에 있는 사람들이 행동하고 생각하는 방식에 따라, 그리고 도시와 기업이 복합적응시스템으로서 얼마나 잘 적응하는지에 따라 그 수명이 결정된다. 이러한 시스템들을 복합적으로 만들어주고 적응력을 갖게 해주는 것은 결국 우리 인간들이다.

기업들도 엔트로피의 영향을 받는다. 기업은 확실히 물리적인 문제들은 만족스러울 만한 수준으로 잘 보완하며 버틸 수 있다. 그러나 한 회사에 혁신과 적응 능력은 매우 중요하다. 기업들은 성장과 발전함에 따라 혁신, 변화에 더 많은 투자를 해야 한다. 부패를 막기 위해 에너지의 상당 부분, 즉 수익의 상당 부분을 투입해야 한다. 동시에 유지비용도 더욱 증가한다. 기업은 성장함에 따라 더욱 복합적인 동시에 복잡한 조직으로 그 형태가 변한다. 기업과 조직들은 '복잡'한 과정들과 그것들이 어우러져 만들어 내는 복합적인 업무 등으로 구성되어 있다.

기업들은 복합적이고 복잡한 문제를 다루기 위해 중앙통제형 해결 방식과 분산형 해결 방식을 함께 사용한다. 계획 수립, 후속 조치, 통제와 그 밖의 다른 행정적인 기능 등에 필요한 비용도 기업이 성장하면서 함께 늘어난다는 것을 의미한다. 어쩌면 이런 비용이 기업의 성장 속도보다 더 빠른 속도로 증가할 수도 있다. 조직체를 생명력 있게 유지하기 위한 이러한 유지 비용이 혁신과 발전에 들어가는 비용을 능가하기도 한다.

이로 인해 기업은 덜 유연해지게 되고 쉽게 경직될 수 있다. 이들도 우리 인간처럼 초창기에는 젊은 시절의 에너지가 넘치지만, 피로와 게으름을 벗어나지 못하는 노년을 맞는다. 젊고 성장하는 기업들은 자본이라도 융통하여 일시적이나마 시장에서 퇴출당하지 않고 버틸 수 있다. 반면 성장이 정체된 중견 기업은 난관을 해결하는 데에 더 큰 어려움을 겪고 더욱 허약해지고 결국 문을 닫게 된다.

생각과 아이디어, 혁신, 그리고 변화의 능력은 인간의 사회적 시스템을 지탱하는 주요 에너지원이다. 이 에너지들은 시스템이 생존하고 성장하기 위해 (이론상으로는 무한대로) 공급되어야 한다.

그렇다면 도시는 어떠한가? 우리는 앞 장의 내용으로부터 인구 증가보다 문화적 선택의 다양성뿐만 아니라 특허권과 혁신도가 더 빨리 증가하고 있음을 알게 되었다. 도시들의 사회적 기능은 하나 더하기 하나를 둘 이상으로 만든다. 같은 문제에 대해 생각하는 두 사람이 만나 함께 일하면 각자의 장소에 분리되어 각자 문제를 해결하는 것보다 문제해결 능력이 더 높아진다.

생각과 아이디어의 교환은 또 다른 새로운 생각과 아이디어가 나오도록 자극한다. 예를 들어 대도시에서는 이론적으로나 물리적으로나 같은 문제에 관심을 가진 여러 사람을 찾아내고 그룹을 만드는 것이 더 쉽다. 배나무로 만든 일본식 냅킨 고리에 관심 있는 사람들의 모임이 그런 예이다. 사람들은 함께 아이디어를 나눌 수 있는 다른 사람을 만나는 것에 지대한 관심이 있다. 도시는 이러한 활동들을 위해 훌륭한 기회를 제공한다. 전문가는 다른 전문가를 끌어들이고 보다 큰 혁신과 경제 성장으로 이어진다.

도시는 기업보다 내부의 다양한 기능이 더욱 분산되는 경향이 있다. 도시에 정치적인 정부가 없을지라도 그 안의 행위자들과 구성원들, 그리고 조직들은 비교적 자치적으로 움직인다. 우리가 앞서 살펴본 것처럼 사람들은 중앙통제적인 시스템에서 보다 분산된 복합적응시스템에서 훨씬 적응력이 높다.

이것을 달리 표현하면 오래 살아남기 위해서는 신진대사가 크기보다 더 증가해야 한다고 말할 수 있다. 도시의 경우가 여기에 해당하고 동물이나 기업은 그렇지 않다. 동물은 느릿느릿 한 속도로 크기가 성장하고 살아간다. 기업도 규모가 더 커지면 더욱더 느려진다. 반면 대도시의 경우에는 시골에 비해 '도시의 맥박'이 훨씬 빠르다. 대도시에서는 속도가 정말 더 빠르다. 사람들도 더 빨리 걷는다. 반면 상대적으로 작은 도시들은 마치 '졸린 듯한 상태'이거나 부동산 중개인들이 포장해서 말하는 것처럼 '목가적인 평화'의 모습을 보여준다.

규모보다 속도가 더 빨라지므로 이론적으로 도시에는 최대 수명이 따로 있을 수 없다. 그래서 어떤 도시들은 굉장히 오래 지속한다. 이는 바로 도시에 내재된 유전자^{DNA}, 즉 도시가 아이디어와 혁신의 양을 증가시키기 위한 상호작용을 어떻게 만들어 내는가에 관한 문제이다. 이것이 도시를 안전한 곳으로 만들어 주지는 않는다. 도시들은 외부에서 그들을 파괴하려는 요인들로부터 영향을 받는다. 나의 기대수명이 내일 운석이 내 머리를 강타하는 것을 막을 수 없듯이 도시도 운석, 전쟁, 질병, 기후 변화 혹은 도시의 존재 자체를 위협할 수 있는 외부 요인의 영향을 받을 수 있다.

즉 언제인지는 모르지만 지구의 종말이 있다면, 도시는 그보다는 조금이라도 먼저 종말을 맞이한다는 것이다. 종국에는 누구도, 어떤 것도 엔트로피를 피해 갈 수 없으며 시작점이 있는 모든 것은 종말을 맞이할 것이다.

그렇다면 이 모든 것들이 말해주는 교훈은 무엇인가? 그것은 세상을 이해하려면 시스템을 이해하고 보아야 한다는 사실이다. 살아있는 생명체가 연관된 시스템은 거의 예외 없이 복합적응시스템일 수밖에 없다. 조건과 주변 환경에 따라 적응하고 행동하는 시스템에서는 그 나름의 패턴과 규칙이 증가하게 된다.

패턴 간의 상호관계성은 연구자들이 지금 주장하는 것처럼 정확히 들어맞지 않을 수 있지만, 패턴은 존재한다. 새로운 지식을 통해 이론들을 확인할 수도 있고, 변경할 수 있다. 그러나 우리는 지금 무슨 일이 일어나고 있는지 이해하기 위해서 상황과 환경을 더 이해하려고 노력할 필요는 있다. 특히 더 중요한 것은 맥락과 상황, 그리고 환경이 대단히 중요하다는 것을 깨달아야 한다. 맥락이 전부라고 할 만큼 중요하다.

이제 우리는 회의 시간에 너무 늦게 오는 사람들을 '이상한 사람들'이라고 생각하거나, 다른 유사한 상황을 만나게 되면, 그 개인의 잘못을 들추어내려 하지 말고 그들이 처한 상황과 환경을 이해해 보도록 하자.

여기에 묘사된 패턴에 대한 연구자들의 주장이 옳다면, 새로운 아이디어와, 혁신, 발전, 그리고 변화는 조직과 도시에게는 그야말로 생존이 달린 문제들이다.

예측 불가능한 관계를
파악하고 이해하기

신진대사와 수명, 그리고 시스템에 관하여 위의 논의로부터 관찰한 내용을 통해 자연은 예측 불가능하고, 끊임없이 변한다는 사실을 확인할 수 있다. 동물들과 도시는 신진대사의 결과로 불규칙하게 변하며, 그 크기도 변한다. 그 변화가 일차원적이라면 크기가 두 배로 커지면 신진대사도 두 배로 커져야 한다. 기업의 신진대사가 그렇게 보인 것처럼 말이다.

이자에 대한 이자는 1차원적이지 않은 변화 의미를 설명하는 데에 사용되는 기하급수적인 변화의 예이다. 은행에 100달러를 예치했고 매년 2퍼센트의 이자를 받는다고 해보자. 우리의 자산 증가는 일차원적 선형을 따르지 않고 다음과 같은 모습을 보일 것이다.

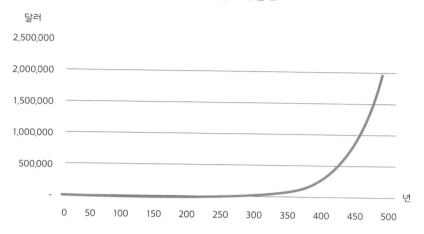

이자의 이자, 기하급수적 발전

희소식은 내 재산 100달러가 손가락 하나 움직이지 않고 거의 200만 달러로 늘어난다는 것이다. 나쁜 소식은 그렇게 되는 데에는 무려 500년이나 걸린다는 것이다. 처음 몇 년 동안에는 거의 아무 변화도 일어나지 않는다. 100년이 지나면, 우리가 가진 100달러는 약 700달러로 불어난다. 나쁘지는 않다. 그렇다고 해서 벌써 축하 샴페인을 터뜨릴 일은 아니다. 200년이 지나면 그 700달러는 또다시 불어나 5,000달러를 약간 넘기게 된다. 300년이 지나면 3만 5,000달러가 되고 400년이 지나면 27만 달러가 된다. 이 정도만 해도 흡족하다. 하지만 200만 달러에는 비할 바가 아니다. 문제는 그래프에서 보듯이 엄청난 이자 수입의 상당 부분은 시기적으로 거의 마지막 부분에 발생한다는 것이다.

이러한 증가는 기하급수적이다. 시간이 갈수록 증가세가 점점 가파르게 올라간다. 어쨌든 우리는 전년 대비 증가액을 쉽게 계산해 낼 수 있고, 이는 매년 2퍼센트씩 정확히 늘어나고 있음을 알 수 있다.

수백만 달러를 벌기 위해 500년을 기다리고 싶지 않다면 다른 예를 보여주는 도표를 생각해 보자. 이자에 대한 이자가 증가해 온 도표 같은 것 말이다. 주어진 2퍼센트의 증가율을 가정하면 세계 경제가 지난 500년간 어떻게 발전해 왔는지, 향후 500년간 어떻게 발전할지 알 수 있다.

과거로부터 지금까지의 기하급수적 변화의 추이를 살핀다면, 우리의 위치는 곡선의 맨 끝부분이 될 것이다. 우리는 가장 높은 지점에 있고 여기서 그동안의 엄청나게 큰 변화가 있었음을 알게 된다. 그러나 반대로 앞을 미리 내다본다면, 지금 있는 우리가 서 있는 지점이 도표의 시작 지점이 된다. 그렇다면 우리는 거의 밑바닥에 있다는 말이 되고, 지금부터 우리는 지금까지와 마찬가지로 엄청나게 빠른 변화의 곡선이 발생하리라 예측할 수 있을 것이다. 정리하면 과거의 역사와 비교하면 오늘날의 발전 속도는 매우 빨라 보인다. 그러나 미래와 비교하면 오늘날의 발전은 정말 매우 더딘 것처럼 보인다. 이것이 바로 기하급수적 변화의 의미이다. 2퍼센트라는 완만한 증가율로 가정했을 때 그렇다.

앞의 도표에서 보는 것처럼, 완만했던 처음 300년 동안의 변화는 감지하기도 어렵다. 변화의 양상이 거의 수평선에 가깝기 때문이다. 이것이 대수형 눈금(아래 그림의 Y축)을 가진 도표가 필요한 이유이다.

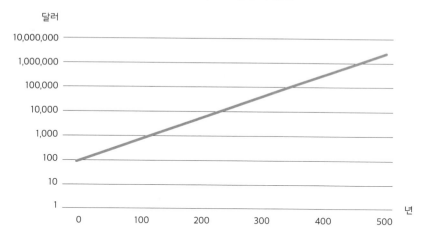

이자의 이자, 기하급수적 발전

Y축은 눈금마다 10배씩 증가한다. 우리가 가진 100달러가 불어나는 이자율은 연간 2퍼센트로 일정하기 때문에 이 도표의 그래프는 직선으로 나타난다. 기하급수적인 변화를 보여주는 데는 더 나은 방법이다.

우리가 앞서 말한 신진대사의 사례로 돌아간다면 이것들은 비선형적 변화의 사례이다. 동물들의 신진대사량은 몸집이 커지면 증가하지만, 몸집의 증가율보다 낮은 증가율을 보인다. 그 크기가 두 배가 되면 그 신진대사는 70~75퍼센트 증가한다. 이에 비하여 기업의 성장은 1차원적인 양상을 보여준다. 기업의 규모가 100퍼센트 증가하면 그 신진대사량도 100퍼센트 증가한다. 도시는 크기가 100퍼센트 증가하면 신진대사량은 115~120퍼센트 증가한다. 우리가 동물과 기업, 그리고 도시의 신진대사량을 관찰하면 다음의 도표와 같은 결과를 얻게 된다.

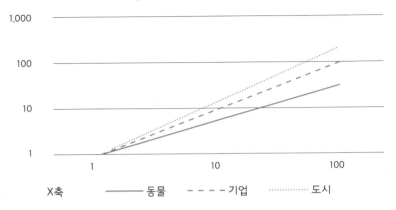

규모의 증가에 따른 신진대사량의 변화

X축 ——— 동물　－－－기업　·········· 도시

　X축은 크기 혹은 규모를 나타내고, Y축은 신진대사량을 나타낸다. 이 그래프를 보면 동물과 기업 그리고 도시의 신진대사량을 상대적으로 비교할 수 있다. 동물과 도시, 그리고 회사의 최초의 크기와 신진 대사량은 1이라고 놓고 관찰을 시작했다.

　기업들의 발전은 선형적이다. 기준이 되는 기업보다 규모가 100배쯤 큰 회사는 신진대사량도 100배쯤 크다. 그러나 다른 동물은 몸집이 100배쯤 커지면 대사량은 32배 정도 늘어날 뿐이다. 이것이 극명한 차이점이다.

　도시의 경우는 규모가 100배 커지면, 신진대사량은 200배로 늘어난다. 이것도 극명한 차이이다. 도시만 신진대사의 증가가 규모의 증가를 압도하는 데 이것이 도시의 (거의) 영구적인 생존을 가능하게 하는 요인이다.

　크기가 두 배 증가할 때마다 나타나는 신진 대사량의 변화가 15~25퍼센트 정도 많거나 적은 것은 처음에는 큰 차이로 느껴지지 않는다. 하지만 그러한 과정이 장기간 누적되면 결과의 차이는 엄청나다.

동물들의 크기는 종에 따라 천차만별이다. 가장 큰 포유동물은 푸른 고래로 그 크기가 200톤이나 된다. 가장 작은 포유류는 에트루리아뾰족뒤쥐Etruscan shrew로 고작 2그램에 불과하다. 고래가 1억 배나 더 무겁다. 그러나 고래의 신진 대사량은 100만 배 정도 더 클 뿐이다.

복합 시스템은 복합적인 관계성을 갖고 있다. 복합적인 관계는 선형적이지 않다고 기억하는 것이 좋다. 그렇지 않으면 다른 동물의 두 배 만큼 큰 동물에게는 먹는 음식도 두 배가 필요하다고 쉽게 단정해버리게 된다. 혹은 크기가 다른 도시의 두 배인 도시는 특허권도 두 배 생산해낸다고 단정 짓게 된다. 우리는 이러한 종류의 단정을 쉽사리 한다. 왜냐하면 본능적으로 단순하고 분명한 관계를 옳다고 생각하고, 선호하기 때문이다.

물론 일차원적인 관계들도 있기는 하다. 다른 도시보다 크기의 두 배인 도시는 가구의 수도 두 배가 되고 일자리도 두 배가 되는 경향이 있다. 그러나 잘못된 결론을 내리지 않기 위해서는 먼저 그 관계가 일차원적이거나 선형적이지 않다는 것을 염두에 두어야 한다. 단 어떤 관계에서는 정말로 그렇다고 확신이 들면 그렇게 생각해도 좋다.

정규분포를 남용하지 말라

복합 시스템의 세계를 이해하려면, 상황과 환경의 영향을 받는 행위자들 사이의 상호작용이나, 그 시스템과 주변 환경 사이의 상호작용을 제대로 이해하는 것이 매우 중요하다. 행동은 절대로 무작위로 이유 없이 일어나는 것이 아니기 때문이다.

세상에 존재하는 많은 것들은 함께 뭉쳐있으려는 경향이 있다. 대부분의 인터넷 웹사이트는 방문자 수가 많지 않다. 하지만 몇몇 곳은 정말로 방문자가 많다. 대부분의 작가의 책 판매량은 미미한 수준이지만 소수의 작가들만이 어마어마한 판매량을 독점한다. 가난한 사람의 수는 최상위 부자들의 수보다 훨씬 많다. 거대하고 부유한 자는 더욱 거대하고 부유해진다.

방문자가 많은 웹 사이트는 이미 방문자가 많거나 많은 사람이 그 사이트가 좋다고 생각하기 때문에 그 자체로 가치를 갖게 된다. 무엇이 좋은 것인가 하는 생각은 사회적 상호작용과 인식으로부터 영향을 받는다. 유명한 작가의 차기작은 이전 것이 잘 팔렸다는 이유로 또 잘 팔리기 마련이다. 다른 사람으로부터 인정받는 것이야말로 우리가 괜찮다는 것을 보여주는 증거라고 생각한다. 돈이 많으면 투자할 수 있는 여력이 있고, 더 부유해질 수 있다. 돈이 없으면 살아가는 것만으로도 빠듯하고 투자를 꿈꿀 만한 여력도 없다.

우리가 사용하는 언어는 우리가 배워 아는 단어보다 훨씬 많은 단어로 구성되어 있다. 반면 우리는 일상에서 그 단어들 가운데 일부만 사용한다. 누구나 익숙하고 잘 알고 있는 단어를 사용하는 것이 훨씬 편하다.

특정인을 대상으로 어떤 단어를 얼마나 자주 사용하는지 조사해 보면, 두 번째로 많이 사용되는 단어의 사용 빈도는 가장 자주 사용되는 단어의 절반 정도 수준이라고 한다. 세 번째로 자주 사용하는 단어 역시 첫 번째의 3분의 1 정도이다. 그다음으로 자주 사용하는 단어들에 대해서도 마찬가지이다. 이러한 규칙성은 미국 언어학자 조지 킹슬리 지프 George Kingsely Zipf가 발견했다. 이러한 규칙을 지프의 법칙 Zipf's law이라고 부른다. 그 관계는 다음과 같이 그래프로 표현된다.

단어 사용의 분포

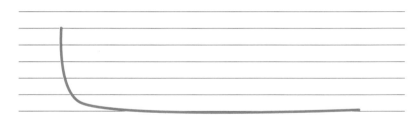

　X축은 단어들이고, Y축은 그것들이 사용되는 빈도를 나타낸다. 그래프는 우리가 매우 자주 사용하는 단어는 고작 몇 개에 불과하고, 나머지 대부분의 단어는 거의 사용되지 않는다는 것을 보여준다.

　작가이자 사업가인 크리스 앤더슨Chris Anderson은 이런 종류의 그래프의 모양을 롱테일Long tail이라고 표현했다. 이 곡선은 앞에서는 급속하게 아래로 떨어지고, 뒤로 가면 긴 꼬리로 이어진다. (실제로는 꼬리가 이 그래프에서 보는 것보다 훨씬 더 길 것이다.) 그는 웹 사이트 방문, 책 판매, 음원 청취 등 많은 다른 영역에서도 이 같은 패턴의 그래프가 나타날 것이라고 보았다. 아주 인기가 있는 것은 몇 개 되지 않고, 오히려 인기 없는 것들이 훨씬 더 많다. 집계량이 큰 것은 몇 개 되지 않지만, 적은 것들은 아주 많다. 큰 것과 작은 것 간의 차이도 중요하다. 작가 조앤 롤링JK Rowling의 책은 수백만 권이나 팔렸지만, 대부분의 다른 작가는 이 정도의 판매고는 꿈도 못 꾼다.

　이런 종류의 분포는 도시 인구에도 적용될 수 있다. 한 국가에서 가장 규모가 큰 도시는 두 번째 규모 도시의 2배 정도 되고 세 번째 큰 도시에 비하면 3배 정도 된다. 도시 크기는 어느 정도는 지프의 법칙을 따른다. 그러나 여기에는 상당한 다양함과 예외가 있다. 도시의 크기는 사회적 상호작용에 영향을 받는다. 사람들은 더 큰 도시로 이사를 하고 싶어 하는데, 그 이유는 거기에 사람들이 많이 살기 때문이다.

큰 값을 가진 몇 개의 요소와 작은 값을 가진 수많은 다른 요소들로 만들어지는 이러한 분포는 인간과 관련 있는 상황이나 사회뿐 아니라 자연 속에서도 발견된다. 지진도 그러한 사례의 하나이다. 지진은 리히터 규모Richter scale지진계로 측정되는데, 이 지진계는 파장의 움직임의 크기 측정을 통해 지진의 규모를 감지한다. 8도에 해당하는 지진은 단순히 4도의 두 배인가? 아니다. 리히터는 대수의 눈금을 사용한다. 눈금이 하나 늘어나면 파장의 움직임은 10배 늘어난다. 리히터 지진계에서 4개의 눈금 차이는 1만 배의 강도 차이를 나타낸다. 강도가 낮은 지진들이 매우 자주 일어난다. 그들 중 대부분은 너무나 낮아서 우리는 인식조차 하지 못한다. 정말로 큰 지진은 드물다. 지진은 예측하기 어렵지만 그렇다고 해서 우연히 발생하는 것도 아니다. 그것은 지각판의 움직임에서 비롯된다.

동일한 형태의 분포가 동물 세계에서도 발견된다. 동물의 세계에서 크기가 거대한 종들도 몇 종류 있기는 하지만, 대다수의 동물 종들의 크기는 매우 작다. 진화는 결코 무작위로 일어나지 않는다. 돌연변이는 무작위로 발생하지만, 그들 돌연변이에 대한 자연의 선택은 무작위로 일어나지 않는다. 돌연변이 되어 새로 생겨난 종들 가운데 생존에 성공하여, 존재가 확인되어야만 비로소 진화의 결과를 인정할 수 있는 것이다. 모든 동물은 각각 그들만의 방식으로 상황과 환경에

적응하고 존재할 수 있는 틈새를 발견한다. 그러면 정규분포곡선은
어떻게 나타나는가? 바로 다음과 같이 나타난다.

정규분포곡선

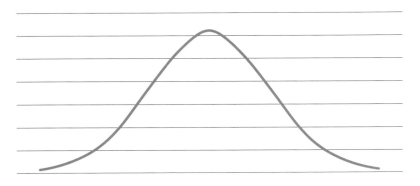

이 곡선은 저명한 독일 출신의 수학자 카를 프리드리히 가우스^{Carl}
Fredrich Gauss의 이름을 따서 가우스 벨^{Gauss-bell:가우스분포 - 옮긴이}이라고 불린
다. 이 곡선에 그의 이름을 따라 명명되었다고 해서, 사람들이 이를
잘못 사용하는 것까지 그를 탓할 수는 없다.

사람들은 이 곡선은 잘못 이해하고, 잘못 사용하는 경우도 많다.
많은 사람은 이 세상에 있는 대다수의 것들, 혹은 적어도 상당수의 많
은 것들이 정규분포곡선을 따른다고 믿는 경향이 있다. 어떤 것이 정
규분포를 따른다는 것은 평균값, 즉 정상 값에 가까울수록 그 빈도도
높다는 것이다. 이 평균값과의 편차가 클수록 그 빈도도 낮아진다. 곡
선도 대칭적이어서, 평균값을 중심으로 한쪽 방향의 편차는 다른 방
향의 편차와 대체로 비슷하다. 보통 사용되는 전형적인 사례로는 사
람의 키, 체중과 IQ 등을 들 수 있다. (측정 방법에 따라서 다르기는 하지

만 현재의 측정방식에 따르면 그렇다.)

실제로 신생아의 체중은 정규분포곡선을 따른다. 그러나 스웨덴 통계청에 따르면 이 곡선이 성인의 체중에는 적용되지 않는다.

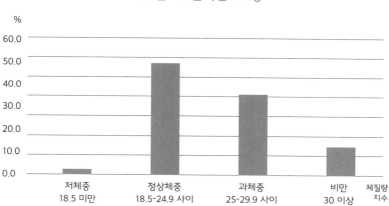

2017년 스웨덴 국민의 체중

이 도표는 다른 체질량지수BMI:Body Mass Index에 따른 인구 분포를 보여준다. 이 도표에 따르면 전체 인구 가운데 49퍼센트에 해당하는 사람들은 정상 체중을 가지고 있다. 결론은 51퍼센트가 비정상이라는 말인데 이 사실만으로도 놀랍다. 성인의 체중이 정규분포를 나타내지 않는 이유는 체중이 사회·경제적 요인들에 의해 영향을 받기 때문이다. 예를 들면 소득수준, 여러 종류의 음식에 대한 접근성, 대중의 기호, 사회적 지위 등이 체중에 영향을 미치는 요인이 될 수 있다. 따라서 체중은 결코 우연의 산물이 아니다.

정규분포곡선을 비판하는 사람들은 이러한 논리가 사람의 키에도 적용된다는 점을 지적한다. 같은 인구 집단 안에서는 정상 분포가 나타날 수 있다. 그러나 전 세계 성인들 가운데서 무작위로 표본을 선택한다면 정상분포가 나타나지 않는다. 이처럼 키조차도 사회 및 경제적 요인에 영향을 받는다. 실제로 사람이 어디에서 태어나 성장하고, 어떤 음식을 주로 먹는가 하는 것은 키에 큰 영향을 미친다.

그렇다면 소득은 어떠한 분포를 보일까? 스웨덴의 소득 분포는 다음과 같이 나타난다.

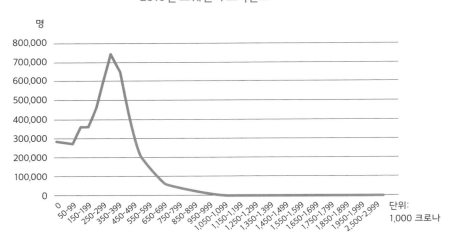

2016년 스웨덴의 소득분포

X축은 1,000크로나 단위로 분류된 소득 수준을 나타내고, Y축은 각 소득수준에 속한 사람의 수이다. 이것은 정규분포곡선이 아니다.

스웨덴의 1인당 평균 소득은 20만 크로나보다 약간 높다. 하지만 평균값은 스웨덴 국민들의 소득 분포나 '일반적인' 소득 수준과 별로 관련이 없어 보인다. 평균치에 근사한 소득을 올리는 사람은 전체 인구의 약 2.5 퍼센트 정도에 불과하다. 그러나 누군가의 소득이 평균 소득과 가깝다고 그를 스웨덴에서 가장 보편적인 소득 그룹에 속한다고 말할 수는 없다. 가장 보편적인 소득 수준은 30~35만 크로나로 전체 인구의 7.5 퍼센트를 차지한다.

평균값은 보편적인 수준에 대해서도 거의 알려주지 않고 있고, 편차가 커질수록 분포곡선은 정상분포와는 크게 다른 모습을 띠고 있다.

평균값은 보편적인 수준과는 별로 관련이 없어 보인다. 우리는 대부분의 자동차 운전자들이 자신의 운전 실력이 평균 이상이라고 생각한다는 이야기를 듣고 실소를 금치 못했던 경험이 있을 것이다. 많은 운전자가 자신의 운전 실력을 과대평가한다고 볼 수 있다.

그러나 대다수의 운전자가 평균 이상의 운전 실력을 갖는 경우가 있을 수도 있다. 10명의 운전자 중 9명은 5점 만점에서 5점을 얻었다면, 그들은 훌륭한 운전자이다. 나머지 한 사람이 1점을 받았다면, 그의 운전실력은 매우 떨어진다고 할 수 있다. 우리는 그들의 평균 점수가 4.6이라는 것을 쉽게 파악할 수 있다. 이는 10명 운전자 중 9명이 평균보다 더 뛰어나다는 것을 뜻한다. 이런 일은 얼마든지 있을 수 있다.

따라서 우리가 항상 전체의 절반 정도는 평균보다 나을 것이라고 지레짐작한다는 사실은 정규분포곡선이 우리가 세계를 생각하고 상상하는 방식에 얼마나 영향을 미치고 있는지 보여준다.

사람들은 쉽게 곡선은 좌우 대칭의 모양을 띠고, 평균값은 중간값과 같을 것이라고 지레 짐작한다. 중간 값은 모든 측정치를 크기 순서대로 놓았을 때 정중앙에 있는 값이다. (위의 10명의 자동차 운전자의 사례에서는 중간 값은 5가 될 것이다.)

우리가 이미 본 대로, 세상에는 '롱테일' 모양의 분포를 띠는 경우도 많다. 이들은 정규분포를 따르지 않는다. 체중, 키, 소득 등은 정규분포의 모습을 보여주지 않는다. 반면 정규분포곡선을 따르는 것들이 꽤 있는데, 왜 그것이 정규분포를 띠고 있는지 이해하려면 그 대상의 본질과 그 곡선이 나오기까지 그 이면에 숨겨진 역사를 이해해야 한다.

프랑스 수학자 아브라함 드 므와브르Abraham de Moivre는 1733년 정규분포를 처음으로 문서에서 언급한 사람이다. 그는 주사위 던지기나 동전 던지기 등 우연에 지배되는 도박에서 특정한 결과가 나올 가능성을 계산하였다.

동전을 던진다고 가정하자. 그리고 동전 뒷면을 0, 앞면을 1이라고 가정하자. 충분히 여러 번 동전을 던진다면, 평균값이 0.5가 될 것이 분명하다. 동전을 10번 던지면 평균값은 0.5에 가까워지겠지만, 어쩌면 0.6이나 0.4 등 다른 값이 될 수도 있다. 그러나 동전을 10번 던져서 평균값을 계산하는 작업을 여러 번 반복해서 수행하고 그 결과를 누적해 보면 평균값이 0.5인 완벽한 정규분포곡선을 이룰 것이다.

뒷면이나 앞면이 연달아 10번 나올 가능성은 전혀 없지는 않지만 매우 드물다. 따라서 이 경우에는 예측된 평균값, 또는 '정상' 값이 존재하며, 평균값과의 편차가 크다면, 그것은 비정상적인 결과라고 말할 수 있다.

가우스는 천문 관측을 하면서 관찰 결과가 정규분포곡선을 그리는 경우를 발견했다. 관측 기계가 가진 근본적인 문제로 인해 관측 결과에 어떤 오류가 발생할 가능성도 있을 것이다. 가우스는 큰 오류들은 작은 오류보다 훨씬 드물게 발생하고, 그조차도 오류들끼리의 서로 상쇄되는 경향이 있음을 깨달았다. 그는 오류가 포함된 결과조차도 이른바 가우스 벨이라고 불리는 모양으로 분포하는 것을 발견했다. 심지어 여기에도 관측치가 집중되는 '올바른 값' 혹은 '정상값'들이 있었다.

벨기에의 수학자, 통계학자, 천문학자인 아돌프 케틀레Adolphe Quetelet는 19세기 초반에 활동하면서 사람의 키, 체중 그리고 기타 특성들을 측정하는 데에 관심을 두게 되었다. (그는 위에서 언급한 대로 요즘 BMI라고 불리는 지표를 만들어냈다.)

그는 모든 특성을 측정한 결과치가 정규분포곡선으로 나타나는 것을 확인하고, 사람의 성격과 같은 특성도 정규분포를 그릴 것으로 생각했고, 이른바 '평균적인 사람'이라는 표현을 만들어 냈다. 그는 인간의 성격이나 특성을 면밀하고 충분히 관찰하면 이른바 가상의 평균적인 사람의 모습을 설정할 수 있다고 생각한 것이다.

그의 생각을 주목하고 훨씬 더 진전시킨 사람이 프랜시스 골턴Francis Galton이다. 그는 1800년대 말, 우생학의 뼈대를 확립한 것으로 유명하다. 우생학은 인종 위생Race hygiene을 다루면서, 선택적 교배를 통해 인간을 개선해야 한다고 말한다. 정규분포곡선과 편차를 바탕으로 한 사람이 내면에 가지고 있는 오류를 측정하고, 설명할 수 있다고 생각했다.

어느 상황이든 올바르거나 정상적인 평균치가 있고, 그것과 편차가 크면 비정상적이라는 생각은 정규분포곡선을 불의를 판별하는 도구로 사용하는 것을 정당화하기에 이르렀다. 그래서 정규분포곡선을 기준으로 어떤 사람은 아주 정상적인 삶을 살고 있고, 어떤 사람은 아주 잘못된 삶을 살고 있지만, 대다수는 평균적인 삶을 살고 있다고 생각했으며, 이런 생각은 별다른 비판 없이 자연스럽게 받아들여지기까지 했다. 원래 정규분포는 하나의 정규 가치로부터의 편차가 클수록 빈도는 급격히 준다는 것을 보여주었다.

이 점에서 정규분포는 훌륭하게 작동한다. 그러나 시간이 흐르면서 점차 변질하여서 사람들은 무엇이 정상인지를 판정하는데 이 모델을 사용하기에 이르렀다. 확률과 상관없는 분야에서조차 이러한 시도가 공공연하게 이루어졌다.

오늘날 정규분포곡선은 세상이 어떻게 돌아가는지 또는 어떻게 돌아가야 하는지를 판단하는 하나의 멘탈모델이 되었다. 영리한 수학자나 통계학자는 정규분포를 멘탈모델로 사용할 수 있는 경우와 그렇지 않은 경우를 구분할 수 있지만, 그런 능력이 없는 보통 사람들이 잘못 사용하면 세계에 대한 잘못된 해석과 왜곡된 이미지를 갖게 될 수도 있다.

정상적인 것, 즉 올바른 것이 따로 존재한다는 생각은 때로는 큰 문제가 될 수 있다. 정상적인 것이 있다면, 그렇지 않은 것은 비정상적인 것이 있다는 말이다. 어떤 것은 편차가 크다는 것 이유로 쉽게 비정상이고 '잘못된 것'으로 취급된다. '나'라는 사람은 어떠한가? 평균값의 근처에도 가지 못하는 우리 자신 말이다. 나도 편차가 크니,

비정상적이고, 잘못된 인간인가?

앞선 예시에서 보여주는 것처럼 '정상적인' 소득, '정상적인' 지진이나 '정상적인' 동물의 크기 등을 정확하게 특정하기는 어렵다. 어떤 것이 정규분포곡선을 따르지 않을 때 통계학자들은 종종 '고르지 않게 분포되었다'고 말한다. 고르지 않다는 것은 '고르게 분포된 것'으로 간주된 다른 어떤 것과의 비교의 결과이다.

확률의 세계를 벗어나는 많은 관찰 결과는 세상에는 정상이라고 부를만한 것이 없다는 사실을 말해준다. 몸집이 큰 동물이 얼마 되지 않고 작은 동물들의 수가 많다고 하여 큰 동물들을 비정상이라고 말할 수는 없다. 차이와 다양성은 얼마든지 존재하기 마련이다. 차이와 다양성이 존재한 것 자체가 지극히 정상이며, 어떤 평균치의 존재를 기대할 수는 없다. '고른' 분포도가 없다면 '고르지 못한' 분포도 없다.

현실 세계에서 우리는 큰 편차가 거의 없고, 있다 해도 매우 드물어서 관찰 결과에 별다른 영향을 주지 않는다고 단정 지을 수는 없다. 우리가 무작위로 선택한 1,000명의 사람의 자산을 평가하고 나서,

여기에 엄청난 부자 한 명(예를 들면, 빌 게이츠 같은)만 더 추가한다고 가정해 보자. 그 결과로 전체의 자산의 평균값은 엄청나게 달라진다. 여기서 우리는 '고르지 못한 분포'라는 결과를 얻게 될 것이다. 이처럼 편차가 큰 하나의 존재가 결과를 엄청나게 바꾼다. 그런 엄청난 편차를 가진 존재도 우리가 속한 세계의 일부이다.

극단적인 사건과 극심한 차이가 존재하고, 그것들과도 많은 영향을 주고받는 복합적 세계에서는 앞서 제시한 예와 같은 정규분포 이외에도 수많은 다른 분포들이 존재한다.

많은 사람이 정규분포에 대해서 지나친 신뢰를 보인다 하더라도, 그것이 정말 현실에서 항상 적합한지 한 번 더 의심해 볼 만한 경보음은 우리의 마음속에서 항상 울리고 있어야 한다. 그들이 자신의 확신을 근거로 생각하는 세상의 이미지는 어떤 것인가? 그리고 세상에 대해 우리가 가지고 있는 이미지는 어떠한 모습인가?

존재하지 않는 미래

"눈으로 확인하기는 어렵다. 그래도 항상 미래는 움직이고 있다." 영화 스타워즈Star Wars에서 요다Yoda가 한 말이다. 그는 움직임에 대해서만은 절대적으로 늘 옳았다. 우리 인간이 복합적응시스템에서 상호작용할 때 거기에는 육안으로 확인하기는 어렵지만 계속된 움직임이 있다.

하지만 움직임 자체가 미래는 아니다. 지금 이곳에서 움직이는 시스템일 뿐이다. 사람들은 미래를 위해 계획을 수립할 수 있고 조직도 그렇다. 하지만 복합적응시스템은 계획이나 의도가 없을뿐더러 미래에 대해 어떤 생각도 할 수 없다.

미래는 존재하지 않는다. 지금은 지금일 뿐 미래는 아니다. 미래는 곧 오겠지만, 그때는 그것은 이미 미래가 아니고 현재가 된다. 반면 역사는 다르다. 역사는 존재하고 발견될 수 있으며, 더 변하지 않는다. 역사에 대한 지식을 가질수록 과거에 무슨 일이 일어났는지 더 폭넓게 이해할 수 있다. 그 결과 우리는 역사에 대해 다른 그림을 가질 수 있다. 그러나 역사를 바라보는 우리의 관점은 변할 수 있지만, 실제 일어난 사건이 바뀌지는 않는다. 역사에는 오직 한 가지 버전이 있을 뿐이다. 이와 달리 미래에 대한 시나리오의 가능성은 끝이 없다.

따라서 미래는 발견될 수 있는 것이 아니다. 미래는 우리를 어딘가에서 기다리고 있는 것이 아니다. 충분한 데이터와 적절한 수학적 모델만 있으면 미래에 무슨 일이 일어나는지 알아보는 것이 가능하다고 생각하는 것은 미래가 존재한다는 멘탈모델에 근거한 것이다. 이 모델은 미래는 숨겨져 있고 아주 훌륭한 기술만 있으면 그것을 미리 알아낼 수 있다고 말한다.

이러한 종류의 멘탈모델은 복합적응시스템의 특성과는 전혀 맞지 않는다. 작고 하찮은 현상도 시간이 지나면서 엄청난 결과를 가져올 수도 있는 생각과도 맞지 않는다. 대체로 많은 사람의 아이디어가 모여 상호작용을 하면 누구도 의도하지 않은 무언가로 이어질 수 있다. 우리 인간은 계속해서 뭔가를 배우고 있고, 그 결과로 행동 방식이 바뀐다. 그 결과 아무도 전혀 생각하지 못하고 예상치 못한 일이 발생한다.

복합적응시스템 속에서 미래를 예측한다는 것은 미래를 투시할 수 있는 투명 구슬을 발견할 수 있다고 생각하는 것만큼이나 무모한 짓이다. 그런데도 우리는 예측을 하고 있고 앞으로도 예측을 계속할 것이다. 그 예측은 자주 틀리지만 때로는 완벽하게 들어맞을 때도 있다. 미래에 대해 뭔가를 말하는 것은 정말로 불가능한 것일까?

　　미래에 대해 뭔가를 말하는 것은 가능하다. 수많은 다른 질문과 마찬가지로 그것은 이것 아니면 저것을 선택하는 문제가 아니다. 뉘앙스와 정도가 다른 수많은 예측이 존재한다. 복합적응시스템에서 나타나는 자연스러운 현상이고, 때로는 그 예측이 종종 질서와 무질서의 경계에 놓여 있을 수도 있다. 질서는 혼돈을 경험하면서도 만들어질 수 있고, 혼돈 역시 질서 속에서도 발생할 수 있다.

러셀의 칠면조 이론

매일 같은 시간에 먹이를 공급 받는 닭은 앞으로도 같은 일이 반복될 것이라고 쉽게 확신할 것이다. 어느 날 먹이 공급이 중단되고, 자신이 요리되어 저녁 밥상에 오를 때까지는 말이다. 영국 철학자 버트란드 러셀Bertrand Russel은 역사적 관찰에 일관성이 있다 할지라도 미래에 일어날 일에 대한 근거는 되지 못한다는 사실을 닭의 이야기를 통해 설명한다. 닭 대신에 칠면조가 등장하는 비슷한 우화가 있어서, 사람들은 이 현상을 러셀의 칠면조 이론Russell's turkey이라고도 부른다.

올바른 근거들을 토대로 우리는 태양이 내일도 오늘처럼 다시 떠오를 것이라고 가정할 수 있다. 그러나 우리는 이것조차도 영원하지 않다는 것을 알고 있다. 언젠가는 태양도 빛을 잃게 될 것이다.

러셀은 우리가 항상 예외가 없이 적용되는 원칙을 발견하고자 한다면, 사고 과정에서 오류를 범하게 된다고 말하고 있다. 현실에서는 자주 예외가 발생한다. 다만 자연의 법칙은 예외를 허용하지 않는다. 그렇지만 자연의 법칙조차도 예외가 있는 것처럼 보이게 만든다. 우리는 중력의 법칙으로 인해 우리 몸이 땅을 향하여 떨어질 수밖에 없다는 것을 알고 있다. 그러나 중력도 역시 자연의 법칙의 지배를 받는 다른 힘들로부터 저항을 받는다.

어제 발생한 일이 그저께에는 미래였다. 러셀은 이것을 역사적 미래라고 칭한다. 우리는 역사적 미래를 알고 있는 것처럼, 미래의 미래도 알 수 있을까? 경험으로부터 나온 지식이 우리가 아직 대면하지 못한 것들을 이야기해 줄 수 있을까? 러셀은 이러한 관점에서 경험이 우리에게 미래에 대한 답안을 주지는 못한다고 주장했다.

복합적응시스템 안에서 예측하는 것은 결정론적인 시스템 안에서 예측하는 것보다 어렵다. 매우 확실한 근거를 가지고 있다면, 최소 며칠, 잘하면 몇 주 정도 후의 날씨는 예보할 수 있다. 그러나 내년의 날씨를 예측한다는 것은 불가능하다.

경제와 주식 시장이 변하는 것은 자연법칙 때문이 아니라 복합적이고 가변적인 방식으로 상호 작용하는 수많은 사람 때문이다. 따라서 장기적인 전망을 내놓는 것은 어렵고 불가능하다. 하지만 그렇다고 해서 전문가들이 항상 이런 종류의 예측을 내놓는 일을 그만두지는 않는다. 그들의 예측은 얼마나 잘 맞을까?

국제통화기금The International Monetary Fund; IMF4은 주기적으로 경제 전망을 발표한다. 독립평가사무소Independent Evaluation Office; IEO는 국제통화

---

4 1944년 브레턴우즈협정에 따라 1945년 12월 설립된 국제금융기구 - 옮긴이

기금의 산하 기관이지만, 독립적으로 운영되며 국제통화기구의 업무를 평가한다. 「국제통화기금 전망의 정확성과 효율성: 조사와 어떤 확장성들On the Accuracy and Efficiency of IMF-Forecasts: A Survey and some Extensions」이라는 제목의 보고서에서 독립평가사무소는 국제통화기금과 다른 기관들이 내놓은 예측이 어느 정도로 정확한지를 설명했다.

독립평가사무소의 보고서는 국제통화기금이 내놓은 예측에는 오류가 있으나 그 오류가 항상 일정하지는 않다는 말로 분석을 시작하고 있다. 이것은 국제통화기금은 항상 같은 종류의 오류를 범하지 않는다는 것을 뜻한다. 그들이 그랬다면 거기에는 같은 종류의 방법론적 오류도 있었으리라는 것이다. 뒤집어 말하면 오류들은 우연히 발생했고 다양했으며, 방법론적 오류는 없었다는 말이 된다. 사실 이것이 더 심각한 문제다. 일관성 없이 발생한 오류들이 논리적으로 일관된 오류보다 더 치명적이기 때문이다. 거의 아무 사건도 일어나지 않는 비교적 평온한 기간에는 예측 오류가 상대적으로 적게 나타난다. 반면 경기 침체와 같은 상황이 발생하면 큰 예측 오류가 발생한다.

"경기 침체에는 뭔가가 있다." 독립평가사무소는 딱 잘라 말했다. 경기 침체는 명확하게 예측될 수 없다. 국제통화기금의 체면을 유지해 주는 차원에서 사무소는 민간 영역이 경기 침체를 예상하는 데에 더 성공적이었는지 조사한 연구를 언급했다. 이 연구는 1989~1999년 사이에 많은 국가 표본을 조사했고 "이 기간에 발생한 72건의 경기 침체 중 극히 일부만이 한 해 정도 앞서 예측되었고, 3분의 2는 발생한 해의 4월까지도 예상하지 못했다"는 것을 밝혀냈다. 독립평가사무소는 다음과 같이 지적했다. "민간 부분 예측가들은 경기 침체 예측을 제대로 하지 못한다." 원래 평가 대상이 국제통화기금이었음에도 "우리는 국제통화기금이 내놓은 결과물이 더 좋다고 생각하지는 않지만 크게 심각한 문제도 아니라는 점을 발견했다."라고 말했다. 이렇게 우아하고 완곡한 표현을 사용하여 오히려 국제통화기금이 내놓은 결과물이 민간 부분이 내놓은 것보다 훨씬 더 나쁠 수 있다는 사실을 인정한 셈이다.

아주 간단히 말하면 국제통화기금은 경기 침체를 전혀 예측하지 못했고 오랜 기간 동안 대부분 지나친 낙관론만을 내놓았다. 그러나 독립평가사무소는 이러한 지적이 경기 침체기에만 해당하는 지적이며, 경기 침체기가 아닌 다른 기간을 살펴보면 국제통화기금의 전망이 지나치게 낙관적인 것만은 아니었다고 말한다. 다시 말하면 제일 치명적인 실수만 뺀다면 전체적으로 틀린 이야기는 아니었다는 것이다.

독립평가사무소는 이런 처참한 결과물의 이유를 설명해 보려고 하고 있다. 그들은 "예측하지 못한 사건이 있었던 것은 분명하다."라고 인정한다. 하지만 그들은 그렇게 된 이유가 예측가들에게 인센티브가 부족했기 때문이라고 말한다. 아직 일어나지 않은 경기 침체를 예측하는 것은 발생하지 않은 경기 회복을 예견하는 것보다 더 힘든 일로 보는 것이다. 누구도 좋지 않은 뉴스를 전하는 책임을 떠맡고 싶어 하지 않는다. 특히 아직도 일어나지 않은 일이라면 말이다. 독립평가사무소의 말대로라면 문제는 세상이 돌아가는 방식에 있는 것이 아니라 예측가들에게 있다.

이러한 예시는 쉽사리 환경의 중요성을 과소평가하고, 인간 본성의 중요성은 과대평가하는 오류가 얼마나 빈번하게 일어나는지 보여준다. 또 수많은 평가나 예측들도 주의를 기울이지 않거나 멘탈모델을 갱신하지 않는다면 오류를 범할 수밖에 없다는 것을 보여준다.

재무 분석가들은 상장 기업의 영업 이익 전망을 한다. 주식 잡지에서 어떤 기업이 분석가들의 예상을 훨씬 웃도는 이익을 냈다는 기사를 흔히 접할 수 있다. 이러한 기사 속에는 무척 흥미로운 말장난이 숨어 있다. 예측이 기준점이 되고, 기업이 이를 달성했는지 아닌지가 중요해져 버리는 것이다. 그리고 만약 기업이 거기에 못 미치는 결과를 얻었다면 해당 기업의 주식 가격은 내려간다. 이는 바로 기대치라는 것에 근거를 두었기 때문에 나름 합리적이다.

놀라운 점은 예측에 도달하지 못한 한 기업을 경영에 실패한 기업으로 간주하는 반면, 전문가들의 예측치를 초과한 성과를 낸 기업에 대해서는 매우 성공적인 경영 사례로 받아들인다는 것이다. 이러한 해석은 전적으로 전문가 중심적인 해석이다. 그러나 이런 현상이 벌어진 것은 분석가가 정확한 예측을 하는 데에 실패했기 때문이다. 합리적으로 말하면 시장 분석가의 임무는 한 기업이 자신의 예측 이상의 이윤을 창출해 냈는지를 평가하는 것이 아니다. 오히려 결과를 제대로 예측하는 것이다. 그것이 어떤 것이든지 말이다. 한 기업의 실적이 예측과 상당히 다르다면 그 분석가들의 능력을 의심해 보아야 한다.

분석가의 능력에 초점을 맞추어 바라보면, 이들의 예측이 얼마나 잘못되었는지를 알 수 있다. 그러나 이 역시 그들의 역량만의 문제가 아니다. 그보다는 경제계가 가지고 있는 복합적인 속성의 문제이다.

그러나 간혹 분석가들의 예측이 때로는 맞을 수 있다. 얼마나 많은 예상이 나오고 얼마나 많은 수의 인원이 투입되었는지를 생각한다면, 가끔 맞는 예측이 있는 것도 당연하다.

나는 한 컨설팅 회사가 2018년 5월에 발간한 소식지를 읽은 적이다. 몇몇 전문가들(재무 분석가들)이 미국에서 다음 경기 침체가 언제 올 것인지에 대한 질문에 답변을 내놓았다. 이들 대다수가 2019년, 일부는 2018년 말, 한 명은 확실히 2022년이라고 했다. 이들 중 누군가의 예측은 들어맞을 수는 있다. 언젠가 어떤 식으로든 미국에서 경기 침체가 발생할 것이기 때문이다. 그리고 언제가 될지와는 무관하게 경기 침체를 예견한 사람이 있을 것이다. 전문지식이 있든 없든, 누군가의 예측은 정확하게 맞을 것이다. 말 그대로 순전히 운이다. 기술이나 능력과 상관없이 어떤 사람은 연달아 예측에 성공할 것이다. 수많은 사람이 수많은 예측을 한다면 그들이 내놓은 예측 가운데 어느 하나는 정확히 들어맞을 것이다. 하지만 이것도 순전히 우연일 뿐이다.

경제에 관한 장기적 전망이 틀린다 해도 전혀 이상하지 않다. 복합적인 상황에 대한 예측은 얼마든지 틀릴 수 있다. 동시에 예상치 못한 갑작스러운 일이 일어나지 않는다면, 적어도 단기간의 미래에 대해서는 합리적인 예측은 할 수 있다. 이때는 분석가의 지식과 판단이 중요하다.

원숭이, 고슴도치 그리고 여우

1984년부터 2004년까지 필립 테틀락^{Philip Tetlock}이 시행한 연구는 예측의 정확도에 관한 가장 잘 알려진 연구이다. 그가 내린 결론은 전문가들의 예측 적중률을 침팬지가 화살을 던져 과녁에 맞힐 확률 정도와 비슷하다는 것이다. 이 연구의 결과로 '소위' 전문가에 대한 수많은 우스갯소리가 등장했다.

하지만 테틀락의 연구는 그 이상을 말해준다. 단순한 결론은 매력적이기는 하지만 항상 옳은 것은 아니다. 평균은 수많은 편차가 모여서 생성되는 것이다.

연구에 참여한 284명의 전문가는 두 그룹으로 나누어졌다. 첫 번째 그룹은 가까운 미래에 대한 예측을 침팬지보다 잘하지 못했다. 게다가 먼 미래에 대한 예측에서는 침팬지보다 훨씬 못했다. 두 번째 그룹은 침팬지보다 조금 나았다. 그러나 그 차이는 근소했다. 두 그룹의

차이는 그들의 능력이나 교육 수준이 아니라 그들이 '생각하는 방식'
이었다.

첫 번째 그룹의 전문가들은 세계가 어떻게 돌아가는지에 대해 생
각하는 데서부터 분석을 시작했다. 그들은 다양하고 복합적인 문제를
현재에 관한 그들의 멘탈모델에 넣으려고 했다. 이 그룹은 자신만만
했고 상황이 변해도 자기들의 의견을 바꾸고 싶어 하지 않았다.

두 번째 그룹의 전문가들은 더욱 현실적인 자세로 다양한 출처에
서 정보를 모으려고 했다. 다양한 관점에서 제기되는 질문들을 검토
했고 자신감은 없어 보였다. 그들은 가능성에 대해 말했고 틀릴 수도
있음을 쉽게 인정했다.

이 그룹들 간의 차이를 설명하기 위해 테틀락은 철학자 이사야 벌
린Isaiah Berlin이 쓴 여우와 고슴도치에 관한 유명한 에세이를 언급했다.
벌린은 그리스 시인 아르킬로코스Archilochus로부터 영감을 받아 그 에
세이를 썼다. 아르킬로코스의 에세이에 등장한 여우는 많은 것을 알
고 있었지만 고슴도치는 한 가지 중요한 것만 알고 있었다. 벌린은 이
모델을 다양한 사람들이 세상을 생각하고 바라보는 방식에 적용했다.
고슴도치는 세상을 하나의 거대한 보편적 아이디어로 단순화했고, 이
것이 우주의 모든 것을 지배한다는 믿음을 가지고 있다. 여우는 몇 가
지 다양하고, 종종 상충하는 생각들을 동시에 하면서, 그것들을 이미
맞춰진 틀 속에 끼어 맞추려 하지 않는다. 벌린은 사람들은 여우이거
나 고슴도치의 성향으로 분류할 수 있다고 말하면서, 플라톤Plato과 니
체Nietzsche는 고슴도치 유형인 반면 아리스토텔레스Aristotle와 몰리에르
Molière는 여우에 가까운 인물로 볼 수 있다고 말했다.

일부 전문가들이 침팬지보다 예측을 못 하는 이유는 그들이 고정 관념에 자신을 묶어두려는 경향이 있기 때문이다. 복합적인 세상을 분석하면서 항상 특정 모델을 무조건 적용하려 하면 성공보다는 오히려 참담한 결과만을 가져올 것이다. 이것이 주는 시사점은 예측은 우리가 열린 마음으로 자유롭게 생각할 때만이 가능할 수 있다는 점이다.

바버라 멜러스Barbara Mellers와 필립 테틀락은 2011년에 추가적인 연구 프로젝트에 착수했다. 몇 년간 2만 명 이상의 대상자들에게 미래에 대한 다양한 질문을 던졌다. 세계 현상, 정치와 경제에 관한 질문들이었는데 예를 들면, 금의 가격은 내려갈 것인지, 전쟁이 한반도에서 발생할 것인지 등의 질문이었다.

어느 정도 시간이 흐른 후, 테틀락은 소수이지만 '슈퍼 예측가'라고 불리도 좋을 만큼 뛰어난 예측 능력을 보여주는 사람들이 있다는 사실을 확인했다.

그런데 이 슈퍼 예측가들은 다양한 배경과 학벌을 가진 '평범한' 사람들이었다. 그들의 지능과 지식수준은 평균을 조금 웃도는 수준이었으나, 특별히 높다고 볼 수는 없었다. 평범한 예측가들과 전문가들도 모두 평균 이상이었다. 하지만 평범한 전문가들의 예측은 슈퍼 예측가들보다 훌륭하지 않았다. 그 차이는 사고방식과 지식을 사용하는 방법의 차이에 있었다.

슈퍼 예측가들은 동시에 여러 가지 관점을 고려하고, 다른 주장에 귀를 기울이고, '한 가지 면'과 '다른 면'을 비교하는 가운데 다른 관점을 가지게 되었다. 그들은 자기 생각을 기꺼이 바꾸고, 새로운 것을 배울 준비가 되어 있다. 슈퍼 예측가들의 관심사는 어떤 생각이 맞고 틀리는가의 여부가 아니라 '왜' 맞고 틀리냐 하는 것이다. 그들은 예측 행위를 경쟁이 아니라 지적인 도전이자 배움과 경험으로 보고 있었다. 그들이 더욱 나은 예측을 할 수 있었던 이유는 더 많이 이해하고 새로운 통찰력을 갖고자 계속 노력했기 때문이었다. 그들은 자신과 다른 사람의 생각과 아이디어에 의문을 품는 것을 중요하게 생각했다. 슈퍼 예측가들은 자신들도 나름의 선입견을 가지고 있으며, 뇌가 단순한 경험의 법칙을 선호하고, 자신들의 멘탈모델에도 한계가 있어 잘못된 방향으로 갈 수 있다는 점을 알고 있다.

예측의 정확성을 높이는 한 가지 방법은 일단 자신의 예측이 잘못 되었다고 가정하고, 왜 잘못된 것인지 생각하고, 다른 예측을 도출해 내기 위한 다른 시도를 해 보는 것이다. 이렇게 해서 만들어진 두 번째 예측과 원래의 첫 번째 예측을 결합하면 더 정확한 결과를 얻을 수 있다. 이 과정에서 다른 생각을 하는 사람들의 견해를 물어볼 수도 있다. 자신의 견해와 충돌하는 관점에 귀 기울이는 것 못지않게 자기반성의 태도를 갖는 것도 중요하다. 인식과 생각은 언제나 검증받아야 할 가설이라고 생각해야지, 고이 모셔두어야 할 귀중품처럼 취급해서는 안 된다.

슈퍼 예측가들은 또한 단정 지어 정확하게 말하는 것을 조심스러워한다. 그들은 이것 아니면 저것, 혹은 흑과 백이라는 식으로 생각하지 않는다. 미묘한 뉘앙스가 중요하다. 단지 어떤 것이 일어나리라 예측하는 것만으로는 충분하지 않다. 그들도 '63퍼센트의 가능성'이라는 따위의 분명한 숫자를 사용하고 싶어 할 수 있겠지만, 그 숫자는 새로운 정보를 만날 때마다 계속 바뀔 수밖에 없다. 필요하다면 우리의 생각을 바꾸고, 조정하는 것이 중요하며, 자신의 아이디어라는 자존심 때문에 하나의 생각을 끝까지 고수하려는 함정에 빠지지 말아야 한다. "내가 맞았어."라는 명제가 '참'이라는 것을 입증하기 위해 증거를 찾는 과정이 아니라, 계속해서 "가장 가능성 있는 것은 무엇인가?"라는 질문에 대한 답을 구해야 한다.

질문에 대한 답을 얻으려면 먼저 질문을 정확하게 해석해야 하고, 그러려면 많은 경우 하나의 질문을 여러 가지 질문들로 분해해 보아야 한다. 예를 들면 6개월이 지나면 유가가 적어도 20퍼센트가량 더 상승할 것인가?"라는 질문을 생각해 보자. 이 질문에 관해 제대로 된 답을 구하려면, 질문과 답변이 모두 답변이 옳은지 틀린 지 판단할 수 있을 만큼 구체적일 필요가 있다.

예를 들자면, 문제를 제대로 다루기 위해 "상황이 어떠할 때 유가가 오를 수 있습니까?"라는 질문을 던져볼 수 있다. 마찬가지로 모든 질문에 대해서 "이러한 결과를 얻기 위해서는 어떤 조건이 필요합니까?"라는 질문을 만들어 볼 수 있다. 그리고 나서 그러한 조건이 일어날 수 있는 잠재적인 가능성을 추정하기 위해 일련의 가정을 세워볼 수 있다. "유가가 내려가려면 어떤 조건이 필요 합니까?"와 같은 반대 질문도 마찬가지이다. 쉽게 답을 구하기 어려운 질문이라면, 그것을 여러 개의 더 작은 질문으로 분해하면 더 쉽게 답을 구할 수 있다.

슈퍼 예측가들은 미래에 무슨 일이 일어날지는 자신들도 알 수 없다고 말한다. 그들은 당시에 접할 수 있는 가능한 많은 정보에 근거해 일어날 수 있는 일의 가능성만을 판단할 뿐이다. 사물을 있는 그대로 바라보고, 하나의 과정으로 바라볼 뿐 목적으로 바라보지 않는다. 그들은 아주 단순하게 바로 내가 '전략적 사고'라고 말하는 바로 그것을 하는 것이다.

반면 나심 니콜라스 탈레브는 우리가 검은 백조, 즉 막대한 결과를 초래하는 예상치 못한 사건들을 예견할 수 없기 때문에 대부분의 예측은 의미가 없다고 말한다. 큰 결과를 초래하는 어떤 것에 대한 예측을 가능하게 하는 규칙이 존재하지 않는다면, 우리는 별로 중요치 않은 것, 즉 무의미한 것들만 예측할 수 있다. 그렇다면 테틀락이 예측이 가능하다고 말한 것은 틀렸다는 이야기인가?

그렇지 않다. 테틀락과 탈레브 모두 회색 백조^{Grey swan}, 즉 항상 예측이 가능하지는 않으나, 충분한 데이터와 재능 있는 전문가가 있다면 어느 정도는 예측 가능한 것이 있다고 말하고 있다. 회색 백조는 '알려진 미지의 것', 즉 그것에 대해서 알아낼 가능성이 있는 것들을 말한다. 반면 검은 백조는 '알려지지 않은 미지의 것'이라고 말할 수 있다. 이것은 우리가 알 수 없는 것들이다. 그렇다면 우리는 적절한 질문을 통해 회색 백조를 검은 백조보다 더 중요하게 다룰 수 있다. 회색 백조에 대해서는 우리가 더 배우려고 노력할 수 있지만 검은 백조는 우리에게 놀라움만 준다.

세계관은 세상을 변화시킨다

정확한 예측을 하는 또 다른 방법은 미래에 대해 하나의 명제를 만들고, 실제로 그것을 실현하는 것이다. 실제로 상황에 영향을 미쳐 그 일이 일어나도록 하면 된다. 돈이 충분히 있다면 먼저 어떤 주식의 가격 상승을 예측한 후 그 주식을 대량으로 매수하면 실제로 주가가 상승한다.

돈이 없다면, 정확한 예측을 한다고 알려진 유명한 사람이 되면 된다. 일단 그렇게 유명해지고 나면, 당신이 단지 주식 가격이 상승할 것이라고 말만 했을 뿐인데, 그 말이 시장 참여자에게 영향을 주어 실제로 상승한다.

말은 효력이 있다. 모든 중앙은행장들이 이것을 잘 알고 있다. 중앙은행은 그들의 목표를 달성하기 위해 다른 방식으로 말을 이용한다. 그들은 미리 계획해둔 내용을 발표함으로써 시장에 영향을 준다. 마리오 드라기Mario Draghi 유럽중앙은행장은 2012년, 유럽중앙은행이 유로화를 지키기 위해 "무슨 일이든지 할 것"이라는 유명한 선언을 했다. 그 선언은 유로화를 구해냈고 그는 '슈퍼마리오Super Mario'라는 별칭을 얻었다.

"이것이 어떻게 될 것이다."라는 예측이 아닌 "우리는 이것을 하려고 한다."는 전략을 천명하는 성명이었다. 투자자들은 유럽중앙은행이 그들의 전략을 실행할 수 있는 능력이 있다고 믿었기 때문에 실제로 그렇게 되었다.

자기 충족형 전략은 다른 사람이라면 의심을 받을 만한 전략을 정당화하는 결과를 만들어낼 수 있다. 예컨대 스웨덴 국세청을 이탈리아의 국세청과 비교해 보자. 스웨덴에는 세금을 납부하려는 높은 수준의 자진 납세 동기가 있었고, 국세청은 이 의지를 강화하는 방향으로 일을 하고 있다.

이 과정에서 행정력은 납세자들에게 납세에 대한 부담감이나 불만을 주지 않도록 하기 위해 세금이 법에 따라 모든 이들에게 공정하게 부과되고 있다는 것을 확인시켜주기 위해 노력했다. 세무 행정이라는 것은 다른 사람들도 나와 똑같이 세금을 내고 있고, 세금을 줄이기 위한 속임수는 득이 되지 않는다는 것을 보여주는 것이지, 사람들을 협박하면서 복종하게 하는 것이 아니다.

그러나 그런 일이 이탈리아에서는 일어나고 있다. 이탈리아에서는 스웨덴만큼의 자발적 납세를 위한 동기부여가 되지 않고 있다. 조세 당국은 납세자들에게 더 강경한 태도를 취하고 있고, 탈세하다가 걸리면 큰일 난다는 메시지를 국민들에게 강조하고 있다.

언젠가 나는 이탈리아의 세무 당국 책임자와 만난 적이 있다. 나는 스웨덴 모델에 관해 이야기했고 그들에게도 비슷하게 시도해 보라고 권유했다. 그들의 대답은 다음과 같았다. "우리나라 납세자들은 문제가 많기 때문에 다른 전략을 사용해야 합니다." 그러나 우리가 시민들을 부정직한 악당으로 대한다면 그들은 진짜로 그렇게 행동할 것이고, 당국은 이를 근거로 자신들이 선택한 전략이 옳았다고 정당화할 것이다. 이러한 전략은 오히려 시민들의 납세 의지를 감소시킨다.

당국이 시민들을 존중하고, 행정력을 공정성을 증대하기 위한 목적으로 활용한다면, 조세정책에 대한 시민들의 호응도는 높아진다. 사람들이 세금을 탈루할 것인지, 성실하게 납세할지를 결정하는 데 영향을 주는 요인들은 많다. 당국은 단지 탈세 적발의 위험을 부각하는 대신, 세금을 기꺼이 내는 것이 얼마나 중요한지를 국민을 상대로 설명할 수 있다. 발각이 두려운 것 말고는 세금을 내야 할 이유를 찾지 못한다면, 누구도 세금을 납부하고 싶지 않을 것이다.

세상에 대한 경험은 사람들이 옳은 선택을 하게 할 수도 있고, 옳지 않은 선택을 하게 할 수도 있다. 그렇게 그들은 세상을 변화시킨다. 우리는 각자 생각하는 방식과 현실로부터 분리할 수 없다. 이 두 가지는 서로 영향을 주고받는다. 이것은 반사성^{Reflexivity}이라고 부른다.

투자자이자 자선 사업가인 조지 소로스^{George Soros}는 반사성에 대해 많은 생각을 했으며, 그것이 자신의 성공에 밑거름이 되었다고 말했다. 그는 인간의 세상에 대한 이미지는 누구나 제한적이고, 부분적으로 잘못되어 있다고 말했다. 우리는 완벽하지 않은 세계관을 가지고 있기 때문에 우리는 최적의 행동을 선택할 수 없다. 예를 들어 약물 중독을 범죄로 대하면 약물 중독자들은 범죄자가 된다. 문제의 원인을 오해하면 잘못된 조치를 할 수밖에 없다. 반사성은 우리의 생각이 행동에 영향을 주고, 행동이 생각에 영향을 준다는 개념이다. 세상에 대한 이해 부족은 잘못된 대응을 낳게 되고, 예상치 못한 효과가 생겨나서 결국에는 훨씬 더 예측할 수 없는 세계로 이어진다.

소로스는 반사성이 아주 이상하거나 새로운 현상은 아니라고 말했다. 그는 오히려 반사성이 오랫동안 주목을 받지 못했다는 것이 이상하다고 말했다. 또 그는 대다수 경제학자가 사람들이 세상에 대해 완벽한 지식을 갖고 있어서 이성적 판단을 내리고, 그런 판단이 누적되면 이성적 행동이 나타난다고 주장하는 것이 더 이해가 가지 않는다고 말했다.

반사성은 사회적 맥락이 행위자의 생각에 영향을 미치고, 그 결과로 행위가 나타난다고 보는 개념이다. 자연법칙은 우리가 그것을 어떻게 생각하는지에 영향을 받지 않는다. 그러나 이데올로기와 시장은 이와 반대이다. 소로스의 말처럼 경제적인 맥락에서 설명해야 할 것을 자연법칙을 통해서 설명하면 안 된다.

계몽주의와 뉴턴의 등장과 함께, 세계는 몇몇 확실한 자연법칙을 통해서 세상을 설명하고 이해하려는 풍조가 중요하고 강력한 멘탈모델로 자리 잡았다. 자연법칙을 이해한다는 것은 우리가 세상을 이해하는 것이었다. 하지만 자연법칙을 근거로 세상을 이해하는 일은 뉴턴의 물리학 법칙이 적용되는 범위 내에서만 효과가 있었다.

그의 물리학은 양자 물리학이나 사회적 현상에 대해서는 아무런 통찰력도 주지 못한다. 세계 경제는 고정된 법칙을 따르지 않고, 알려진 대로 모든 것에 답을 해주지도 않기 때문이다. 사람들은 역동성과 복합성을 만들어내고 이로 인해 예상치 못한 효과가 생겨나고 있다.

미래 예측과 위기관리

　미래를 예측하는 것은 어렵지만 인간은 항상 예측하려고 한다. 인간은 특히 예측을 통해 문제가 발생하기 전에 그 영향을 최소화하려는 데 관심이 있다. 그리하여 미래에 우리에게 부정적인 영향을 끼칠 수 있는 잠재적인 위험 요인을 파악하고 싶어 한다. 매우 합리적인 노력이고 마땅히 해야 하는 일이다. 이것을 위기관리라고 부른다.

　하지만 모든 다양한 영역에서의 예측이 어려운 것과 만큼 위기관리도 어렵다. 위기관리는 불확실성에 대비하여 결정을 내리는 일로 여겨지는 경향이 있다. 그렇다면 불확실성을 줄이는 현명한 방법이 있을까? 그런 것은 없다. 이 사실은 내가 어렵게 터득한 것이다.

　수년 전에 나는 위기관리 분야에서 일한 적이 있다. 매뉴얼을 공동 집필하고 그 주제에 대해 강의했다. 몇 년 후, 나는 내가 예측했던 내용을 뒷받침할 만한 지적 토대가 없었다는 점을 깨달았다. 내가 말해왔던 위기관리는 그럴싸한 개념과 구조만 나열하고 있을 뿐, 위험과 불확실성이 정말 어떤 결과를 초래할 것인지에 대한 인식이 없었다. 그런데도 누구도 나의 논리적, 지적인 결함에 대해서 알아채지도 않았고, 말하지도 못했다. 오히려 내 생각을 학습하려는 움직임이 일어났었다. 아마도 당시에는 위기관리라는 주제가 인기 있는 트렌드였기 때문일 것이다.

그 이후로 나는 위기관리 업무를 담당하는 사람들에게 위기가 무엇인지 즐겨 물었다. 내게 돌아온 답변은 모두 불분명하고 모호했다. 내가 그것을 지적하면 사람들은 다음과 같이 말한다. "좋아요. 그래도 우리는 여전히 이런 방식으로 일할 수밖에 없어요." 그들의 답변은 기수가 코끼리의 행동을 합리화하려고 하는 것과 같았다.

위기라는 용어가 지적인 모호함에 파묻혀 있다는 것이 희한한 일은 아닐 것이다. 어찌 됐든 객관적인 과학은 아니기 때문이다. 우리 각자는 위기라는 용어를 자기 상황에 맞게 정의할 수 있다. 일상에서 우리는 '비가 올 위기'라는 표현을 사용하지만, 실제로는 비가 올 확률이라는 의미이다. 위기는 원하지 않거나 해로운 것이 일어날 가능성을 뜻하는 데 주로 사용된다. 이러한 정의가 일상적 상황에서 잘 맞는다면, 굳이 더 복잡하게 생각할 필요는 없다.

하지만 위기에 대한 보다 더 공식적인 정의에는 어느 정도 이상의 가능성과 결과를 포함한다. 다시 말해 바람직하지 않은 것이 발생할 가능성이 얼마이고, 그 경우에 나타나는 결과는 어떠한가에 관한 것이다. 100크로나를 잃을 가능성이 10퍼센트라면, 우리는 지금 10크로나의 손해 가능성에 직면하고 있다. 우리는 이것을 75크로나를 잃을 가능성이 20퍼센트인 상황(즉 15크로나를 손해 볼 가능성)과 비교해 볼 수 있다. 이런 방식의 위기관리는 가장 최상의 가능성을 선택하기 위해 각각의 경우에 대해 예상되는 결과를 미리 가늠하는 행위이다. 개연성과 결과를 수치로 말하기 어려울 때는 보통 '매우 가능성이 있는'그리고 '심각한 결과'와 같은 용어를 사용한다.

이와 함께 수많은 정의와 설명들이 가능성과 결과에 중요한 의미를 부여한다. 위기관리의 목적은 바로 불확실성을 다루는 한 가지 방법이라고 설명된다. 위기는 미래에 불확실한 일을 발생하게 할 수 있고 이로 인해 손해나 손실도 가져올 수 있다. 미래의 손해나 손실을 최소화하기 위해서는 그 불확실성이 해결되어야 한다.

확률과 결과의 측면에서 위기를 평가하려면 정량화할 수 있어야 한다. 예를 들어 우리는 룰렛 게임을 할 때 어떤 일이 일어나면 이기거나 지는지, 그리고 그 확률은 어느 정도인지 정확하게 알고 있다. 그러나 우리가 확률과 결과를 모두 안다면 거기에는 확실성이 있다는 것이 핵심이다. 우리는 이기게 될지, 지게 될지 확실하게 알지는 못한다. 하지만 가능성을 정확히 파악하고 다른 경우들과 비교해 볼 수는 있다.

이것은 흥미로운 결론으로 이어진다. 확률과 결과가 분명하다면 우리는 위기를 계산할 수 있다. 물론 위기 요인이 있을 수 있지만 불확실성은 없다. 확률과 결과는 모른 채 불확실성만 있다면 위기를 예측하는 것은 실상 불가능하다. 위기관리는 쓸모없는 일이 된다.

그러나 불확실성은 지식이 있고 없는 것과는 관계가 없다. 지식이 완전하거나 많지 않더라도 불확실성과 결과를 어느 정도는 파악할 수 있고 어느 정도의 위기 평가는 가능하다.

1921년 초반 경제학자 프랭크 나이트$^{Frank Knight}$는 이러한 문제들에 관해 저술했다. 그는 세 가지의 다른 상황을 다루었다. 첫 번째는 모든 확률과 결과가 미리 알려진 경우이다. 그 때는 계산만 하면 된다. 여기에는 불확실성이 있을 수 없다. 이 상황은 주로 도박의 세계에서 발생하지만, 일상에서는 거의 발생하지 않는다. 두 번째는 경험해 보기 전에는 아무 것도 미리 알 수 없는 경우이다. 비행기가 추락하거나, 집에 화재가 날 가능성은 역사적 자료로부터 계산을 할 수는 있다. 하지만 미래에 어떤 일이 발생할 가능성이 과거에 그 일이 발생했던 가능성과 같으리라는 보장이 없기 때문에 어느 정도의 불확실성이 존재한다. 그 불확실성이 얼마나 큰지는 가늠하기 어렵다. 미래가 과거와 유사할 것이라는 가정은 그야말로 가정에 불과하다. 세 번째 상황은 시작부터 끝까지 아무것도 모르는 경우이다. 그 때 예측된 가능성은 그야말로 하나의 예상에 불과하고, 단순한 어림짐작을 예측이라는 그럴 듯한 용어로 표현한 것에 지나지 않는다.

나이트는 무지한 상태와 정말로 알 수 없는 것을 중요하게 구분했다. 우리가 확률과 결과에 대한 지식이 부족하긴 하나, 노력하면 습득할 수 있다면, 거기에는 불확실성은 존재하지 않는다. 진정한 불확실성은 우리가 알 수 없는 경우이다.

위기관리에 대한 나의 경험은 주로 후자의 두 가지 상황을 처리할 때였다. 즉 과거의 경험이 있거나, 아무 것도 아는 것이 없는 상황을 다루는 경우이다. 앞에서 말했듯이, 어떤 일이 발생할 확률을 분명하게 알 수 있는 상황은 현실 세계에서는 흔치 않다.

위기관리도 하나의 방법일 뿐이다. 다른 모든 방법들과 마찬가지로, 그 방법에 모든 해답이 있다고 믿으면 근본적인 사고부터 흐려질 수 있다. 아무 것도 모르는 상황에 대처하는 데, 위기관리를 활용하려는 유혹이 있을 수 있다. 과거에 일어난 일을 다 알아보는 것은 너무 비용이 많이 들 수 있기 때문에 위기관리를 의식적으로 또는 무의식적으로 지식을 대신하는 대체품 정도로 인식하는 것이다. 이처럼 위기관리는 추측과 단순한 우연인 경우에도 나름의 정당성을 부여받는다.

'알려진 미지의 상태'를 다루는 경우에만 위기관리가 사용될 수 있다. 그러나 '알려지지 않은 미지의 상태'는 우리가 무슨 방법을 써도 모르는 상태로 남을 수밖에 없다.

복합적인 세상에
필요한 전략적 사고

지금 시대에 살았더라면 경영 컨설턴트로 불렸을 니콜로 마키아 벨리Niccolò Machiavelli는 사물을 있는 그대로 이해하기가 얼마나 어려운 지 알고 있었다. 저서『군주론The Prince』에서 그는 이렇게 말했다. "모든 사람이 볼 수는 있지만, 소수만이 이해하기 때문에, 사람들은 분명한 현실보다는 대개 겉모습으로만 판단하려고 한다."

　마키아벨리는 무언가를 바꾸어보려고 하는 사람에게 어떤 일이 일어날지에 대해 공허한 환상을 이야기하지 않았다. "실행하는 것보 다 어려운 것이 없다는 것과 성공의 가능성을 확신할 수 없다는 것, 그리고 자신을 군주의 자리에 앉히고 새로운 질서를 도입하는 것보 다, 그 질서를 실제로 작동하게 하는 것이 더 어렵다는 것을 명심해야 한다. 새로운 질서를 도입하는 사람은 구질서에서 이득을 누리던 사 람들을 모두 적으로 만들게 된다. 그는 새로운 질서로부터 이득을 얻는 사람들에게만 온건한 수호자로 비치는 것이다."

여기서 이해해야 할 것이 있다. 마키아벨리도 이해했던 것이고, 훨씬 나중에 등장한 경영학의 석학인 피터 센게Peter Senge도 이해했다. 센게는 다른 학자들처럼 시스템적 사고에 관해 이야기한다. 그는 시스템적 사고를 전체를 보고 관계성을 보며 패턴을 보는 일체의 훈련으로 인식했다.

저명한 시스템 역학(복합 시스템을 생각하라) 연구자인 존 스터먼John Sterman은 시스템적 사고는 쉽사리 정의기도 어렵고, 한계를 정하기도 어렵기 때문에 그것을 정확하게 설명하기도 어렵다고 말한다. 시스템적 사고는 과학이고 철학이며, 이론과 실제를 모두 포괄하며, '소프트'하기도 하고, '하드'하기도 하다. 그는 시스템적 사고를 잘하는 사람이 되려면 자신의 가정과 편견을 먼저 이해할 필요가 있다고 말했다. 다른 사람의 의견을 존중해야 하고 우리가 가진 멘탈모델이 불완전하다는 것을 이해해야 한다. 그제야 우리가 속한 복합적인 세계를 이해할 수 있고 나아가 세상에 바람직한 영향을 줄 수 있는 것이다.

내가 전략적인 사고를 통해 말하고자 하는 것에는 이 모든 것이 다 포함된다. 시스템적 사고는 전략적 사고의 핵심이지만, 전략적 사고는 그 이상이라고 나는 생각한다. 우리 인간은 복합 시스템 속에서 살고 있지만, 모든 것이 복합 시스템으로만 이루어지지는 않았다. 1차원적 사고를 해야 할 때도 있다. 그러므로 전략적 사고는 우선 어떤 것이 복합적이고, 어떤 것이 복잡한 것인지를 이해하는 것이다. 또 전략적 사고는 우리의 생각과 (아마도 매우 부족한) 자기 생각을 스스로 들여다보고, 기꺼이 자신의 멘탈모델을 바꾸고, 지식을 갱신하기 위한 지속적인 준비와 의지를 요구하고 있다.

　나는 가끔 일차원적인 사고와 환원주의적 분석을 기반으로 시스템적 사고나 전략적 사고를 설명하려고 시도하는 사람들을 본 적이 있다. 그러나 그것은 불가능하며, 제대로 될 리가 없다. 모든 것을 설명해 주는 딱 떨어지는 정확한 정의나 단순한 이미지를 찾는 것은 불가능하다. 전략적 사고는 잘 정의된 여러 가지 부품으로 이루어진 모델이나 도구가 아니다.

　전략적 사고는 관점과 태도 그 이상의 것이다. 정확한 정의나 경계는 존재하지 않는다는 사실을 받아들이고 심지어 감사할 수 있다면, 좀 더 나은 전략적 사고가 가능해진다. 세상은 복잡하고도 복합적이라는 사실을 받아들일 때, 대상을 있는 그대로 쉽게 볼 수 있다. 그런 사람이라면 자기가 모든 답을 가지고 있다고 생각하는 사람들보다 더 많은 것들을 이해할 수 있을 것이다. 전략적 사고의 열쇠는 우리 자신의 멘탈모델을 이해하고 변경하는 것이다. 그러면, 다른 사람의 멘탈모델도 더 쉽게 이해할 수 있다.

　세상은 박물관에 있는 명화처럼 간단하게 이해할 수 있는 것이 아니다. 세상은 계속 돌아가는 영화와 비슷하지만 일시 정지 버튼도 없고 되감기도 할 수 없다. 움직임과 변화가 일상이기 때문에 정적인 세계관은 작동하지 않는다. 우리에게는 세상의 움직임과 변화에 적합한 멘탈모델이 필요하다. 세상의 변화는 새로운 멘탈모델들, 그리고 세상이 돌아가는 방식에 대한 새로운 이야기를 요구한다.

　전략적 사고는 모든 것을 이해해 보려는 노력으로 시작된다. 그러므로 이 노력을 계속하는 것이 중요하다. 지금 일어나고 있는 일에 매몰되어 길을 잃으면, 눈에 띄지 않는 것들은 놓치기 쉽다. 뉴스는 대류판이 매일 조금씩 이동하고 있다는 것을 보도하지 않는다. 미디어는 사건이나 사람들, 특히 분쟁과 관련된 이야기를 선호하기 마련이다. 그런 뉴스들이 더 흥미롭고 자극적이기 때문이다. 하지만 느리고 지루한 것들을 관찰하는 것이 오히려 더 중요할 수 있다.

1600년대 일본의 사무라이인 미야모토 무사시Miyamoto Musashi는 '전쟁 철학의 예술'을 연구한 것으로 유명하다. 그는 다음과 같이 말했다. "일차적으로는 사물의 핵심을 인지하고, 이차적으로는 눈에 보이는 것을 관찰해라." 그리고 그는 덧붙였다. "그것은 멀리 있는 것을 가까이 있는 것처럼, 가까운 것은 멀리 있는 것처럼 보는 것이다."

다른 사람이 생각하는 방식과 세계관을 바꾸게 하려면 시간이 걸릴 수밖에 없다. 인내력이 필요하다. 어떤 규격화된 해결 방법, 간단한 기법이나 단축키가 없다. 중요한 것은 우리가 무엇을 왜 바꾸고자 하는지, 그리고 우리 자신이 누구인지를 자각하는 것이다. 어쩌면 우리는 다른 누군가가 그 변화의 걸림돌이라고 지목할 수도 있다. 물론 그럴 수도 있다. 누구나 그런 적이 한 번쯤 있었을 정도로 자연스러운 일이다. 그러나 우리가 다른 사람을 바꾸고 싶다면, 먼저 우리와 우리 자신에 대한 이해와 변화가 선행되어야 한다.

이것을 보여주는 두 가지 예시가 있다. 하나는 이해에 관한 것, 다른 하나는 변화에 관한 것이다. 다른 말로 하면 하나는 우리가 어떻게 오늘날 세계에서 일어나고 있는 일을 이해하는가에 관한 것이고, 다른 하나는 조직 문화의 변화에 관한 것이다.

이해하기의 예시:
세상에서 무슨 일이 일어나고 있는가?

아이들이 가져야 할 가장 중요한 성품은 무엇이라고 생각하는가?
아래에서 각 한 쌍의 개념들 가운데 하나씩 선택해 보라.

독립	어른에 대한 공경
호기심	좋은 태도
자신감	순종
신중함	양심

많은 연구자는 사람들이 가족과 사회구조를 어떻게 인식하는지를
파악하기 위해 오랫동안 이러한 설문을 활용해 왔다. 이 방법을 통해
연구자들은 사람들의 관점이 어떠한지를 알 수 있다. 우리가 다른 사
람이나 사회, 그리고 세계를 바라보는 방식은 자연스럽게 우리가 지

지하는 정치 이데올로기에도 큰 영향을 미친다. 즉 다르게 표현하면, 우리는 각자의 멘탈모델에 따라 세상을 경험하며, 세상에 다른 영향을 준다.

위의 리스트에서 오른쪽에 있는 단어를 고르는 사람은 대체로 권위적이고 보수적인 사회 인식을 하고 있다. 이런 사람들은 2016년의 미국 대통령 선거에서 도널드 트럼프^{Donald Trump}에게 표를 던졌다. 이들은 사회적, 도덕적 질서를 수호하는 데 관심이 많고, 그들이 사회에 대한 위협이라고 생각하는 것들에 대해 심각하게 고민하는 경향이 있다. 그들은 사람들에게는 규칙과 분명한 가이드라인이 필요하다고 생각하고, 부도덕하고 파괴적이라고 생각하는 행동을 용납하려고 하지 않는다. 이러한 권위적인 관점은 마치 '엄격한 아버지'의 이미지를 느끼게 하며, 사회적, 도덕적 이슈에 대해 엄격한 통제를 가해야 한다고 보는 입장이다. 그들은 법과 질서를 오랜 전통과 경험을 통해 올바르게 발전한 도덕적 원칙으로 간주하며 중요하게 여긴다. 그러한 원칙이 살아 있어야 사회가 통합되고, 바람직한 방향으로 발전한다고 생각한다.

왼쪽의 단어를 선택한 사람들은 예상대로 사회와 사람에 대해 극명하게 다른 관점을 갖고 있다. 그들은 사람들 각자가 자신을 책임을 질 수 있고, 또 져야 한다고 보는 자유주의에 기반을 두고 생각하는 사람들이다. 사람들은 충분히 그럴만한 능력을 갖추고 있다고 생각하고, 사람들 모두에게 균등하고 충분한 기회가 제한 없이 주어져야 한다고 생각한다. 그러므로 개인의 자유는 중요하다. 자유주의자들은 세상의 모습이 어떠하며, 어떻게 작동해야 하는가에 대한 다른 멘탈모델을 가지고 있다.

　이러한 배경에도 불구하고 근래에 민족주의가 부상하는 것은 다양한 사람들이 다른 방식으로 세상에서 일어나는 변화에 반응하고 있음을 보여준다. 세상은 아주 빠른 속도로 변하고 있다. 세계화는 우리 모두에게 영향을 주는 트렌드가 되었다. 제2차 세계대전 이후에 시작된 세계화의 흐름은 2008년 금융 위기로 한동안 주춤했지만 여전히 진행 중이다.

　사회의 디지털화는 지금까지도 그랬고, 앞으로도 큰 변화를 만들어낼 것이다. 스마트폰이 세상에 나온 것은 고작 10여 년에 불과하지만, 사람들의 일상을 완전히 바꾸어 놓았다. 우리는 새로운 방식으로 음악을 듣고 TV를 보며 사람들과 소통을 한다. 어떤 직업들은 사라지기도 하고 새로운 직업이 빠른 속도로 생겨나기도 한다. 기업들은 새로운 비즈니스 모델을 개발하고 있으며 정부 기관도 이러한 변화에 걸맞은 운영모델을 새로 마련해야 할 때이다.

　우리는 머지 않아 지폐를 박물관에서나 보게 될지도 모른다. 도시화는 계속되고 누군가에게는 너무 추상적이어서, 이해하기도 힘든 일을 직업으로 삼는 사람들도 생겨날 것이다. 이벤트 플래너, 커뮤니케이션 전략가, 포트폴리오 컨트롤러, 액티비티 코디네이터, 정보 건축가, 애자일 코치Agile coach; agile5 등은 정확하게 무슨 일을 하는 직업인가? 여기에 비하면 공장 근로자, 집배원, 트럭 운전기사가 무슨 일을

<hr />

5　변화에 민첩하다는 뜻이고, 애자일 방법론은 하나의 프로젝트를 몇몇 단계로 나누어 이해관계자와 계속 협력하고 단계별로 계획, 실행과 평가의 과정을 통해 수정, 개선해 가는 운영방식이다. 애자일 코치는 이것을 책임지는 사람으로 조직 내 근로자일 수도 있고 외주 전문가가 될 수도 있다. - 옮긴이

하는지는 누구나 쉽게 상상할 수 있다.

　분석가들은 디지털화가 산업화 이후의 사회의 변화를 이끌 가장 핵심적인 요소가 될 것이라고 말한다. 디지털화가 산업화보다 훨씬 더 큰 변화를 가져올 것이다. 과거에 이와 견줄만한 거대한 사회적 격변은 수렵과 채집에 의존하던 인간이 정착하여 농경 생활을 시작한 1만 년에서 1만 2천 년 전쯤에 일어났다. 사회는 경제적, 사회적, 정치적, 문화적으로 변하고 있다. 물론 이런 변화는 산업화 시대에도 일어났다. 산업화의 핵심은 석탄과 석유를 원료로 가동되는 기계가 사람의 힘을 대체했다는 것이다. 그래서 에너지 공급을 장악한 사람이 권력을 가졌다. 반면 디지털화의 핵심은 기계가 인간의 두뇌를 대체한다는 것이다. 정보를 장악하는 사람이 권력을 갖는다. 이것은 우리가 상상할 수 없는 기회와 위험요인을 만들어 낼 것이다.

　사람들은 자신들이 세상이 어떤 영향을 받고 있는지, 세상에서 무슨 일이 일어나고 있는지를 이해하지는 못하더라도, 세상이 변하고 있다는 것은 알고 있다. 우리는 이런 종류의 변화에 어떻게 반응하는가? 여기에서 우리는 세계화를 옹호하는 보다 진보적인 사람들과 민족주의를 옹호하는 보다 보수적인 사람들 간의 갈등을 보게 된다.

　세계화를 옹호하는 사람들은 개방적이고, 다른 문화를 존중하고, 관용을 가지고, 세상을 긍정적으로 보고, 이민자가 늘어나는 것은 아주 자연스러운 현상이라고 본다. 그것은 세계화를 옹호하는 사람들이 기꺼이 환영하는 변화이다. 반대로 민족주의자는 이런 것들을 사회에 대한 심각한 위협으로 인식한다. 사회심리학자인 조너선 하이트는 이러한 현상을 가리켜, 사람마다 이마에 특정 조건이 되면 자동으로 눌러지는 버튼이 있는 것 같다고 말했다. 평상시에는 관대하던 사람들도 이 버튼이 눌러지면 자신의 가치와 구조를 보호하고 방어하는 데 집중하게 된다. 그들이 자신의 사회적 질서와 도덕적 가치가 위협받고 있다고 느끼면 그 버튼이 눌러진다. 특히 그들은 다른 문화권에서 온 이민자들을 위협 요소로 인식한다. 노동 시장에 불어 닥친 급작스러운 변화들도 그런 위협으로 인식된다.

민족주의자들이 언어적으로나 상징적으로 그들의 장벽을 세우려 하는 것은 보호하고 보전해야 할 가치 있는 무언가가 있다고 생각하기 때문이다. 반면 세계화를 옹호하는 사람들은 민족주의를 편협한 인종차별주의라고 본다. 민족주의와 세계주의자들은 모두 상대방이 사물의 본질에 대한 지식과 통찰력이 의외로 부족하다는 사실에 놀라워한다. 그들은 상대방이 그러한 '잘못된' 선택(자신들의 올바른 '선택'과 비교하여)을 한 것은 그들이 무언가 잘못된 정보를 가지고 있거나, 극단적으로 멍청한 것, 두 가지 중의 하나이거나 혹은 둘 다이기 때문이라고 생각한다.

오늘날, 세계적으로 민족주의가 확산하고 있는 것은 거대한 사회적 대변혁에 대한 반작용으로 보아야 한다. 트럼프의 당선과 영국의 유럽연합 탈퇴는 변화에 대한 반작용의 상징일 뿐, 그 자체가 변화는 아니었다. 세계화는 아주 강력한 경향성을 가지고 진행되고 있고, 항상 반작용을 불러온다.

짐작건대 민족주의가 확산하는 것은 그 자체로 새로운 세계 질서가 아니라, 반대 방향으로 진행되는 세계 질서의 변화에 대한 반작용으로 보아야 할 것이다. 결국에는 세계화가 계속될 것임을 암시하는 수많은 징후가 나타나고 있다. 세계는 무역과 기술, 그리고 여행을 통해 더욱 통합되어 가고 있다. 기후변화, 환경오염, 테러, 빈곤 등과 같은 전 지구적 문제는 개별 국가적 단위에서는 해결하기 어렵다. 하나의 지구촌 차원에서의 범세계적인 해결책 마련의 필요성이 점점 더 요구되고 있다. 이것이 정치적으로 의미하는 바는 더 지켜봐야 하지만, 민족 국가는 민족 국가대로의 역할이 따로 있을 것이다. 변화가 일어나면 저항과 갈등이 생기는 것은 자연스러운 현상이다. 사람들은 각자 다른 방식으로 그 변화를 경험하고, 사람들은 그 안에서 정도의 차이는 있지만, 승리감이나 패배감을 맛본다.

사회적 변화는 언제나 일어나기 마련이다. 요즘에는 민족 국가가 당연시되고 있지만, 사실 이것은 비교적 근대에 들어 생겨난 개념이다. 민족주의는 프랑스와 미국에서 혁명과 민주주의 도입에 대한 요구가 강력하게 일어나던 19세기로 거슬러 올라간다. 황제와 여러 절대 군주들은 그들의 정당성을 어떤 신성한 존재로부터 찾으려고 했다. 그러나 민주주의 체제에서 지도자들은 국민으로부터 정당성을 얻는다. 어떤 국민인가가 중요하게 되었고 국가라는 개념은 현상을 통합하고 정의하는 데 유용하게 사용되었다.

19세기 후반 국제주의가 유행처럼 번졌다. 국제주의는 '국가' 간, 혹은 '국가들' 간의 협력을 뜻한다. 예컨대 국제우편이나 관세 제도도 국제주의의 산물이다. 세계 무역도 번성했다. 그러나 이러한 국제 질서는 1차 세계대전으로 인해 무너져 버렸다. 전쟁 기간에는 또 다른 형태의 민족주의가 번성했고, 1929년의 대공황Depression은 민족주의에 힘을 실어 주었다. 민족주의는 보호주의와 나치즘Nazism, 그리고 파시

즘^{Fascism}으로 이어졌다.

　2차 세계대전 이후 미국이 이끌던 연합군 측은 더 이상의 전쟁이 일어나지 않을 새로운 국제 질서를 만들기를 원했다. 미국은 신, 구 동맹국 간의 무역과 큰 통합을 기반으로 세계 질서를 구축을 주도했다. 미국은 경제보다는 안보 질서를 더 중요하게 여겼다. 미국인들은 서방 친화적인 국가들과 함께 소련을 고립시키고, 일본을 더 가깝게 끌어들이고 싶었다.

　그런데 1991년 소련이 붕괴했고 전장이 바뀌었다. 그때 서방 세계는 다소 교만하게 한 시대의 종말과 자유 진영이 최종적인 승리를 쟁취했다고 선언했다. 그 결과 미국은 안보 정책에 기반을 둔 세계화라는 질서를 고집할 이유를 상실했다. 경제적으로 미국은 이미 거대한 내수 시장을 가지고 있었기 때문에 세계 무역에 대한 의존도가 크게 높지는 않았다. 그 결과 미국은 보호무역주의로 돌아가는 듯 보였다. 그런데도 불구하고 세계화의 흐름은 계속되었는데, 이는 자유주의의 질서를 자연스러운 현상이라고 생각하는 인식 때문이다. 그러나 2008년 금융위기로 인해 세계화가 만들어낸 과오와 약점이 드러나기 전까지는 그랬다. 금융위기는 오늘날의 반세계화 물결의 원인이 아니다. 금융위기가 현재 세계가 어떤 문제를 안고 있는지를 드러냈다.

　민족주의가 반드시 포퓰리즘^{Populism}과 일치한다고 말할 수는 없다. 물론 그럴 수도 있다. 포퓰리즘은 '대중'과 '엘리트' 간의 투쟁이라는 사고에 기반을 두고 있다. 대중들은 단지 국가 전체를 구성하는 한 부분일 뿐이다. 이들은 순수하고 진실하고, '바른' 의견을 가진 사람들이다. 그러나 이들은 엘리트들로부터 억압을 받고 푸대접을 받았다.

포퓰리스트 지도자는 '그들을 지지하는 대중'을 대변하고 대중들은 그와 뜻을 같이하며, 세계를 바라보는 이미지도 같다. 포퓰리스트는 정치적 스펙트럼에서 보면, 좌파, 우파 진영 모두에서 등장한다.

자유 민주주의가 이해관계와 다른 견해가 존재하며, 이들은 모두 존중받고 반영되어야 한다는 생각에 기반을 두고 있다면, 포퓰리즘은 바람직한 정치 노선은 하나뿐이며 그것을 따라야 한다는 생각에 기반을 두고 있다. 그 노선을 공유하지 않는 사람들은 '대중'의 일부가 아니기 때문에, 그들까지 고려해 주어야 할 이유가 없다고 생각한다.

엘리트들이 세계화의 확산을 옹호하고 이민자에 긍정적인 입장이면서도, 동시에 여기에 적극적으로 동조하지 않는 사람들을 무시한다면, 민족주의와 포퓰리즘이 동시에 발호할 수 있다.

민족주의와 세계화 사이의 갈등은 대체로 가치관과 세계를 바라보는 시각의 문제이다. 이것은 경제적 문제들이 무관하다는 뜻은 아니다. 경제도 중요한 문제이며, 사람들의 가치관이 경제정책에 관한 관점에도 영향을 끼치는 것과 마찬가지로, 경제도 사람들의 가치관에 영향을 준다. 경제적 이슈와 사회, 도덕적 이슈는 서로 영향을 준다. 그러나 세계화와 민족주의 사이의 갈등은 대체로 사회적, 도덕적 문제에 관한 논쟁으로 나타난다.

이와 같은 사실이 말하고자 하는 바는 무엇인가? 우리는 우선 폭넓은 관점에서 시간을 두고 사물을 바라보아야 한다. 사람들이 생각하는 방식, 그들의 멘탈모델, 그리고 역사적 발전에 관한 지식도 필요하다. 지금 일어나는 여러 일을 하나의 전체적인 맥락 속에서 생각해야 한다. 가시적인 지진 현상보다, 눈에 보이지 않지만 대륙판이 완만한 추세로 움직이고 있다는 점에 주목해야 하는 것과 마찬가지이다. 이를 통해 오늘날의 상황이 어떤 하나의 원인으로 인해 초래된 결과가 아니라, 여러 트렌드들의 동시에 등장하여, 공존하면서, 상호작용한 결과라는 사실을 알게 된다. 그것은 바로 세계가 복합적이라는 사실을 보여준다.

세상이 끊임없이 변하는 것은 분명하다. 우리가 한 상태에서 다른 상태로 물리적으로 이동한다는 의미는 아니다. 세상의 움직임은 불규칙적이지만 계속되고 있다. 새로운 현상을 시간이 지나면 다시 이전과 같이 평범한 원래의 상태로 회귀할 예외적이고 비정상적인 현상으로 치부해서는 안 된다. '평범한' 상태라는 것은 없다. 변화는 때로는 너무 느리게 진행되어서 마치 변화가 전혀 없는 것처럼 느껴지기도 한다. 그러나 현재의 트렌드는 언젠가 바뀔 것이다. 세상은 변화된 환경에 적응할 것이고, 또 다른 새로운 흐름이 등장할 것이다. 이것이 복합적응시스템이 작용하는 방식이다.

변화의 사례:
변화하는 문화와 가치들

나는 스웨덴 국세청에서 근무하면서 오랫동안, 업무를 대하는 태도와 가치관의 변화를 끌어내는 일을 해왔다. 이와 관련하여 다른 정부 기관과 다른 나라의 세무 당국을 지원하기도 했다.

가끔 제기되는 흥미로운 질문은 왜 서비스가 좋지 않으냐 하는 것이다. 내가 관리자급 직원을 위한 강의를 할 때 어떤 사람은 다음과 같이 말했다. "직원들을 전부 새로 바꾸면, 서비스를 개선하는 것은 어렵지 않을 것입니다." 내가 하급 직원들을 상대로 강의했을 때도 비슷한 이야기를 들었다. 그들은 매니저급 직원들이 교체되어야 한다고 말했다. 이 두 생각은 모두 잘못된 것이다.

조직의 구성원 모두를 바꾼다고 해도 변화는 일어나지 않을 것이다. 기존 직원들에게는 잘못이 없다. 새로 들어온 직원도 마찬가지이다. 대개 문제는 사람들이 아니라, 구조와 문화, 그리고 가치관이다.

즉 주변 환경과 여건 탓이다.

내 경험상 대부분의 사람은 친절하고 착하다. 그들은 보통 바르게 일하고 싶어 한다. 그러나 그들에게 어떤 업무상의 역할이 주어지면, 성격이 변하는 것처럼 보인다. 아예 다른 사람으로 돌변한 것처럼 보이기도 한다. 정말 별로인 사람처럼 보이기도 하고 전혀 친절해 보이지도 않는다. 실제로는 그런 사람들은 아닌데도 말이다. 그 사람은 가면을 쓰고 역할을 수행하는 것일 가능성이 높다. 여러 가지 이유로 그렇게 된다.

내가 30여 년 전 공무원으로 일하기 시작했을 때, 관료들 사이에는 어떤 방식으로 행동해야 하는가에 관한 암묵적인 공감대가 있었다. 우리는 엄격하고 바르며 인간미 없는 자세를 유지해야 한다고 생각했다. 사람들을 대할 때, 그들이 우리를 존중하도록 하려면 약간 엄격한 태도를 보여야 한다고 생각했다. 때로는 교육적인 역할도 수행해야 했다. 그뿐만 아니라 우리가 중요한 업무를 수행해야 할 시간에 시민들이 우리를 방해하지 않고, 우리에게 연락을 자주 하지 않게 하려면, 그들과는 어느 정도 거리를 유지하는 것이 바람직하다고 생각했다. 우리 업무는 여러 가지 주어진 임무를 수행하는 것이지 사람을 만나는 것이 아니었기 때문이다. "우리가 공무를 수행하는 사람입니까? 전화 응대를 하는 사람입니까?" 이것은 전화 응대 의무가 새롭게 주어지자 직원들이 공통으로 보인 반응이었다.

우리가 담당하는 역할에 따라 가면을 쓴 듯 행동하는 것은 우리가 어떤 식으로 일하기를 바라는 명확한, 또는 암묵적인 기대에 부응하기 위한 것이다. 즉, 가면 쓴 듯 행동하는 것은 존재하리라 생각하는 기대에 관한 문제이다. 물론 그와는 관계없는 문제일 수도 있다.

다른 이유는 불안감이다. 가면 뒤에 숨어서 불안함을 감추는 것은 우리가 일의 현장에서 느끼는 불편한 기분에 대한 해결책이 될 수도 있다. 그 불안함이란 내용을 몰라서 답변 할 수 없는 질문을 받을지도 모른다는 두려움이기도 하고, 잘못된 결정을 내릴지도 모른다는 불확실성 때문일 수도 있다. 신청서 접수가 거부되거나 뭔가 부정적인 정보를 받고 찾아온 사람들을 상대하는 것은 부담스러운 일이다. 그래서 어떤 역할을 맡으면 개인감정을 최대한 억제하고, 규정에 따라서 기계적으로 행동하는 게 속은 편할 것이다.

이런 생각을 근거로, 사람의 태도와 서비스를 어떻게 바꿀 수 있는가에 대한 두 가지의 결론에 도달할 수 있다. 첫 번째 방법은 그들이 이미 가지고 있다고 당신이 잘못 알고 있는 가치관에 따라 행동하도록 하는 대신, 그들이 있는 그대로, 원래 그들이 가지고 있는 가치관에 따라 행동하도록 하는 것이다. 사실 사람이 이미 가지고 있는 가치관을 바꾸는 것은 어려운 일이기 때문에 이것은 합리적인 방법으로 보인다.

두 번째는 모두가 안정감을 느낄 수 있어야 한다는 것이다. 그러려면 그들이 업무에 관해 전문적인 지식을 갖추도록 할 필요가 있고, 적지 않은 사람은 이미 이를 어느 정도 갖추고 있다. 여기에 더하여 하나 더 필요한 것은 사람을 상대하는 방법에 대한 지식이다. 많은 사람이 의외로 이 부분이 약하다.

사람을 상대하는 방법에 대한 지식을 갖추면, 난감한 상황이나 비판에 대처하는 데 큰 도움이 된다. 이런 종류의 지식은 업무에 관한 전문적인 지식보다 오히려 더 가치가 있다. 나는 직장 생활을 하면서 가끔 이런 말을 들었다. "내가 착하게 행동해야 할까요. 아니면 올바른 결정을 해야 할까요?" 이런 질문은 둘 중 하나만 선택해야 한다는 잘못된 생각에서 비롯된 것이다. 두 가지 모두 중요하다. 전문적 지식이 있다 하더라도 그 지식을 적용하는 방법을 모른다면 쓸모가 없고, 민원인이나 고객과 만남이 만족스럽지 않으면, 사람을 만나는 능력이 지식의 가치를 떨어뜨린다.

스웨덴 국세청에서 우리는 동료들에게 서비스의 중요성을 설명하기 시작했다. 작정하고 일을 그르칠 생각이 아니라면, 일부러 나쁜 서비스를 제공하고 싶은 사람들은 없다는 데서부터 이야기를 풀어가기 시작했다. 나쁜 서비스가 차라리 더 낫다고 생각하는 사람들도 있었다. 그런 생각은 자신들이 '어떤 모습으로 고객들에게 비쳐야 한다'는 고정 관념과 납세자 고객을 길들여야 한다는 욕심에서 비롯된 것이다. 우리는 연구 결과와 설문조사를 활용해 양질의 서비스가 실질적으로 그 기관의 신뢰를 증대시키고, 바르게 행동하고자 하는 동기를 부여하는데 기여하는 점을 설명했다. 결론부터 말하자면 결과는 성공이었다. 스웨덴 국세청의 동료들은 다들 임무를 잘 수행하고 싶어 했고, 그만큼 자신들의 태도를 바꾸고 싶어 했다.

왜 좋은 서비스가 중요한가를 설명하면서, 직원으로서 어떤 태도를 취해야 하는가에 관한 훈련도 시작했다. 그 훈련은 각자가 가지고 있는 두려움과 그들이 직면하는 비판을 다루는 훈련이었다. 어떤 기술과 기법을 배운다는 것이 단계별로 따라가야 하는 과정을 진행하는 것은 아니었다. 모두가 자신의 있는 그대로의 모습에 따라 행동해야 했다. 좋은 응대 서비스는 다양한 형태로 나타날 수 있고, 그것은 사람마다 다르다. 응대하는 내용이 같더라도, 서비스를 제공하는 사람의 개성이 분명히 드러나기 마련이다.

고객을 대하는 태도를 바꾸려고 할 때 지식은 중요한 요소였다. 고객이 스웨덴 국세청의 서비스를 경험하며 어떤 느낌이 드는가, 그들이 어떤 대접을 받고 싶어 하는가, 우리가 제공하는 서비스가 그들에게 얼마나 중요한가 등에 관한 지식을 말한다. 지식은 그들에게 새로운 통찰력과 멘탈모델을 만들어 주고, 태도와 행동의 변화를 끌어냈다.

당시에 나는 내가 몸담은 조직의 가치관과 문화를 바꾸려고 노력했다. (조직의 문화가 반드시 조직원의 문화일 필요는 없다.) 스웨덴 국세청에서 조직의 문화는 그들의 업무의 결과, 납세자에 대한 관점, 사회에 대한 국세청의 역할 등과 주로 관련이 있다. 사실 공공기관에서는 좋은 결과에 대한 정의가 명확하지 않다. 스웨덴 국세청의 경우 좋은 결과를 낸다는 것은 발생한 실수를 최대한 많이 바로잡는 것에서, 처음부터 바로잡아야 할 실수가 발생하지 않도록 시스템을 바꾸는 것으로 목표를 전환하는 것을 의미했다.

이를 위해서 조직의 정체성도 바뀌어야 했다. 이에 따라 조직의 이미지도 납세자에 적대적인 조직에서 납세자가 타인의 부정행위로부터 보호받을 수 있도록 도와주고, 지지하고, 보장해 주는 조직으로 바뀔 필요가 있었다. 실제로 국세청의 역할은 뭔가를 잡아내는 사냥꾼에서, 모든 것을 이상적인 형태로 바로 잡아가는 것으로 바뀌어 갔다.

납세자와 대립하며 날을 세우는 것이 아니라 함께 협력하는 것이다. 여기에는 납세자가 규칙을 따르고 싶은 마음이 들도록 하는 방법에 관한 지식이 필요했다. 이러한 지식을 통해 우리는 신뢰가 중요하고, 정도를 따르는 것이 가장 쉬운 길이라는 것을 깨닫게 되었다. 이러한 지식은 조직 전체에 전파되고, 이에 대해 다시 조직 내에서 토론하고 이야기하고, 또다시 전파되었다.

한 조직이 표방하고 추구하는 가치관을 바꾼다는 것은 단순히 구호에 그쳐서는 안 된다. 조직과 사람들은 자기 일을 통해 그들의 가치관을 보여준다. 따라서 가치관을 바꾼다는 것은 조직과 조직원의 행동을 새로운 가치관에 맞추어 수정하는 일이라고 할 수 있다. 따라서 기본적인 태도를 바꾸는 일이 자주 일어나서는 안 된다. 그것은 가치관의 혼란만 초래할 뿐이다. 경영진이 전달하는 메시지와 행동은 분명해야 한다. 물론 쉬운 일은 아니다. 경영진도 때로는 새로운 환경이 가져올 결과에 대해 확신하지 못할 수 있고, 중간 관리자가 교체되거나 실수를 할 수 있기 때문이다.

지적인 기반이 분명한 사고를 바탕으로 한 변화라면 더 쉽다. 서로 다른 멘탈모델이나 아이디어가 서로 조화를 이루어야 한다. 당신이 시도하려는 것을 뒷받침할 수 있는 일관된 논리도 필요하다. 새로운 전략이나 태도에 대해 운영진이 모여서 한 시간 정도 논의하는 것만으로 충분하지 않다. 모든 사람은 각자 역할 분담을 하고 경영진은 구성원들과 논의하고 거기서 제기되는 비판을 들어야 한다. 나 역시 조직의 변화를 위한 일을 하면서도 많은 실수를 했고 실수로부터 배웠으며 일이 진행되는 동안은 배움의 연속이었다.

조직과 경영진이 필요한 시간과 에너지를 쏟아 넣을 준비가 되어 있지 않다면, 차라리 시작하지 않는 것이 좋다. 몇 가지 아름다운 단어만 나열하고 구체적인 변화와 후속 조치가 없다면 생산적인 변화는 기대하기 어렵다. 직원들이 단어 자체에는 아무 의미가 없다는 것을 바로 알게 되기 때문이다.

구호에는 결과물이 있어야 한다. 그리고 선택한 가치관들은 조직이 해야 하는 일과 관련해 스스로 제한을 부과한다. 경영진이 품질이 제일 우선되는 가치라고 선언했다면, 이제 경영진들은 이에 반하는 결정을 할 수가 없다. 그러나 나는 최고 경영자급에 속한 사람들이 자신은 선언된 가치관의 제한을 받지 않는다고 생각하고 행동하는 것을 여러 번 보았다. 그런 사람들은 예외 규정을 자유롭게 만들었다. 그 결과 선언된 구호는 현실에서 작동하지 않는다. 사실 그 반대여야 했다. 때로는 예외 규정들이 만들어질 수 있고 그럴 필요도 있긴 하지만, 조직의 태도와 가치관을 결정한 당사자가 만들어서는 안 된다. 그는 결정된 내용을 가장 높은 수준으로 준수해야 하는 사람이기 때문이다.

조직 내부에서 사용하는 그들만의 언어들을 보면 그 가치관들의 진정성을 알 수 있다. 고객이나 동료를 비난할 때 그들끼리만 사용하는 용어가 있다면(그리고 그것이 허용되는 경우라면) 그러한 마음이 고객 응대와 행동에도 고스란히 나타날 것이다. 커피 휴게실이든 이사회 회의실이든 닫힌 문 뒤에서 하는 말은 중요하다. 고객을 존중하기를 원하는 조직은 고객이 보이지 않는 곳에서도 존중하는 태도로 말해야 한다.

조직 문화나 가치관, 태도 등을 바꾼다는 것은 조직의 영혼에도 영향을 주는 문제이기 때문에 간단하게 다루어서는 안 된다. 깊이 있고 폭넓게 생각해야 한다. 변화를 주도하는 사람들은 자신의 멘탈모델을 언제나 재고할 준비가 되어 있어야 한다. 그런 경우에라야 다른 사람이 멘탈모델을 변경하는 것도 수월하게 도와줄 수 있다. 조직 내부에 있는 사람에게는 잘못이 전혀 없다. 그들에게는 새로운 관점으로 볼 수 있도록 해 줄 지식과 롤 모델이 필요할 뿐이다.

고단한 노력이 요구되고 시간도 필요하다. 어떤 방법과 도구를 사용한다 해도 마찬가지다. 문화와 가치, 그리고 태도를 단번에 쉽게 바꾸고 싶은 유혹이 있을 수 있다. 그러나 전혀 효과가 없을 것이다. 방법이 있다 해도 답은 없다. 내가 방법론을 비판하면 항상 이런 말을 듣게 된다. "방법에는 잘못된 것이 없어요. 단지 그 방법을 잘못된 방식으로 사용되었을 뿐이죠." 나 역시 이점에는 동의한다. 많은 방법론들은 현명한 생각에 기초를 두고 있고, 일반적으로 매우 합리적인 것처럼 보인다. 하지만 실상 많은 방법들은 잘못 사용되고 있다. 그 이유는 그런 방법들은 변화를 만드는 모든 고된 작업을 피할 수 있는 가장 빠른 지름길처럼 보여서 선택된 것들이기 때문이다. 사람들은 고된 방법들을 이해하지도 못하거나 이해하고 싶어 하지도 않는다. 방법을 잘 작동시키는 데 시간과 에너지를 쏟아붓고 싶은 마음도 없다. 나는 방법을 택한 사람들을 비난하려는 것이 아니다. 방법과 도구는 그들이 가져오는 실질적인 결과물로 판단해야 하지 그것이 사용된 의도로 판단해서는 안 된다.

우리가 할 수 있는 것은 무엇인가?

이제는 이 책에 나온 모든 내용을 종합하여 세상을 이해하고 변화를 일으키기 위해 할 수 있는 몇 가지의 일을 정리하여 이야기할 때이다.

사실을 기반으로 세상에 대한 당신만의 이미지를 만들어내고, 세상에 대해 이미지로 인하여 사실을 오해하지 말아야 한다. 당연한 말인가? 그렇다. 그러나 중요한 것은 이것이 생각보다 훨씬 더 어렵다는 것을 깨달아야 한다는 것이다. 우리가 이해와 변화를 원한다면 항상 자신과 다른 사람들에 대해 더욱 다양한 지식이 필요하다. 이것들을 배우는 방법은 사람마다 다르다. 자신과 가장 관련이 많거나 접근 가능한 출처를 활용하라. 고객, 파트너, 동료, 고용주나 다른 누구이든지 주변 사람들의 이야기를 들어 볼 수 있다. 그러나 이해를 하려고 해야지, 암기하여 무언가를 배우는 것이 아니라는 것을 명심해야 한다. 우리는 무언가를 들으면 맥락 안에서 그것을 생각해야 한다. 헨리 포드Henry Ford는 고객들에게 그들이 원하는 것을 물어볼 때마다 항상 '더 빨리 달리는 말'이라는 대답을 들었다. 고객에게 묻는 것이 잘못됐다는 것이 아니다. 오히려 반드시 물어보아야 한다. 다만 고객의 소리는 적절하게 해석되어야 한다. '빠른 말'은 그들의 욕구의 표현이고, 그 욕구는 여러 방식으로 충족될 수 있는 것이다. 헨리 포드는 새로운 종류의 말들을 사육하는 대신, 자동차를 만드는 선택을 했다.

당신의 뇌에 경보 시스템을 구축하라. 우리가 일차원적으로만 사고한다는 느낌이 들면, 뇌 속에서 경고음이 제대로 울리고 있는지 확인하라. 변화를 위해 내놓은 새로운 제안이 지금까지의 작업 수행 방식과 별 차이 없거나, '별로 새로운 것이 없다'는 반응을 받을 때, 또는 '정규분포'라는 용어를 사용하고 있을 때, 우리는 일차원적 사고의 함정에 빠진 것은 아닌지 의심해 보아야 한다. 그들 중 어떤 것도 틀린 말은 아닐 수 있다. 다만 주의를 기울여서 그것이 맥락에 맞는지 안 맞는지를 생각해 볼 필요가 있다.

당신의 멘탈모델을 갱신하고, 다른 사람의 멘탈모델을 주목하라. 우선 자신의 멘탈모델을 이해하고 여기에 변화를 주는 것은 다른 사람을 이해하고 그들에게 영향을 미치기 위한 전제 조건이다. 사람들은 저마다 다른 멘탈모델을 가지고 있다. 모든 사람은 그들이 가진 특별한 모델이 세상에 대한 올바른 이미지를 제공한다고 확신한다. 변화는 우리가 만난 사람들이 처한 상황을 이해하고 그들의 고민거리를 진지하게 새로운 각도로 생각해 줄 것을 요구한다. 그런 고민거리가 우리에게는 현실감이 없어 보여도 고민을 하는 당사자에게는 하나의 현실이기 때문이다.

세상이나 당신이 속한 조직을 복합적응시스템이라는 관점에서 바라보자. 당신이 세상이나 조직을 단순히 이해하고 싶은 것이든, 변화시키고 싶은 것이든 상관없다. 산업이 생존하는 데에 필요한 영양분은 새로운 아이디어와 발전, 그리고 변화이다. 사고와 생각은 사회 시스템을 유지하는 결정적인 힘이다. 우리가 생각하는 방식은 세상에 영향을 미치고, 세상은 우리가 생각하는 방식에 영향을 준다. 동시에 우리는 여러 다른 관점에서도 생각해 보아야 하고 새로운 관점을 대할 때에도 늘 세심히 살펴야 한다. 기억할 것은 때로는 혹은 자주 우리가 틀릴 수도 있다는 점이다. 우리가 가진 아이디어와 생각도 언제나 점검해야 한다. 항상 그렇게 해야 한다.

주변 환경과 여건의 중요성을 간과하지 마라. 우리는 사람의 중요성에 대해서 실제보다 과도하게 인식하는 경향이 있다. 섣부르게 어떤 사람에게 문제가 있다고 판단하는 잘못을 범하지 않도록 노력하라. 변화를 일으키고 싶다면, 환경과 여건을 바꾸는 데서부터 시작하라. 사람들은 거기에 맞게 적응한다. 시도를 계속해 보았으나 효과가 없을 때만, 그때 가서 다른 원인이 있는지 생각해 볼 수 있다.

폭넓게 생각하라. 큰 상황과 맥락 안에서 사물을 놓고 생각하라. 역사적 발전을 이해하고 트렌드를 파악하여 미래를 예견하라. 인과관계를 당연하게 생각하지 않도록 주의하라. 이러한 관련성은 생각하는 것이나 분명하다고 여겨지는 것과 다를 수 있다. 오히려 완전 반대의 경우가 아닌지도 늘 생각해 보아야 한다. 어제는 맞았던 인과 관계가 오늘은 맞지 않을 수도 있다. 이런 질문을 던져보아라. "우리가 이것을 어떻게 아는 걸까?"

미래는 불확실하다는 것을 받아들여라. 예상치 못한 일을 예상하면, 예상치 못한 일이 일어날 확률이 높다. 따라서 우리는 몇 가지 가상 시나리오 예측에 얽매이지 말아야 한다. 예측을 하는 것은 얼마든지 가능하지만 대부분 선견지명에 한해서이다. 슈퍼 예측가같이 생각하고 말하라. 구체적이고 정확한 질문이라는 관점에서 생각하라. 나의 편견은 없는지 되돌아보라. 예측을 누구와 경쟁하듯 해서는 안 된다. 그렇게 되면 스스로 속게 될 것이다. 오히려 배움의 기회로 생각해야 한다. 배우는 과정에서는 잘못도 있을 수 있고 실수도 많이 하지만 오히려 더 성장할 기회가 되어 긍정적으로 작용한다. 자신을 변화에 떠밀려서 간다고 생각하지 마라. 우리는 변화의 일부이기도 하고 변화에 영향을 주는 존재이기도 하다.

결정을 내리는 것은 우리 안에 있는 코끼리라는 것을 기억하라. 기수는 선택의 폭이 여러 갈래일 때 혼란스럽다. 그래서 명확하고 동기부여가 확실한 옵션을 그냥 주는 것이 더 간단할 수 있다. 그러나 맥락에 따라 다르다. 나는 동료들이 의사 결정권자에게 몇 가지 옵션을 주어 그중에서 선택하라고 말하는 것을 자주 보았다. 그중에서 정말로 제대로 된 옵션은 단 하나였음에도 불구하고 말이다. 이것은 운영진에게 자신들이 결정하고 있다는 착각을 하게 만드는 속임수이다. 때때로 운영진도 그런 식으로 일을 처리하는데, 정작 사람들은 자신들이 의사 결정에 참여하고 있다고 착각한다. 이런 종류의 착각들은 이해와 변화를 가져오는 데에는 오히려 장애가 된다. 상황을 있는 그대로 보고 받아들이는 것이 더 낫다. 내가 해주고 싶은 조언은 사람들이 진지하게 생각해 볼 여력이 있을 때만 몇 가지 대안을 주라는 것이다. 그런 경우가 아니라면 차라리 우리가 믿는 것에 그냥 집중하는 편이 낫다.

변화를 위해서는 안정감을 도모해야 한다. 변화하려면 우리가 그동안 익숙하게 머물렀던 안전하고 편안한 영역에서 벗어나야 한다. 우리는 새로운 무언가를 이해하기 위해서 편안하게 머물렀던 영역을 떠나야 할 필요가 있지만, 안정감을 도모하는 것은 변화를 성취하는 데에 중요하다. 무슨 일어나고 있는지, 왜 그러한지 이해하는 것은 중요하다. 외부로 벗어나지 않고 편안한 영역에서 머무르고 싶은 경우에는 특히 더욱더 그렇다. 불안정성은 항상 변화와 맞물려 다가오기 때문에 이 시기를 잘 버텨내도록 도울 필요가 있다. 또 변화를 주도하거나 지도하는 사람들을 신뢰해야 한다. 동시에 모두가 변화의 과정에서 자기 역할을 담당해야 한다. 변화가 위협적으로 보일 필요가 없다. 오히려 변화가 흥미롭고 재미있어 보인다면 사람들로부터 지지를 얻을 수도 있다. 변화를 일으키고 무슨 일이 일어나는지 지켜보라. 그로부터 학습하고, 다시 변화를 일으키고, 계속 수정하라. 그저 미리 만들어진 계획들을 그대로 따라가지 말라. 우리가 계획들을 중도에 포기할 수 있으면, 오히려 다음 행동을 준비할 수도 있다. 차라리 계획이 없는 편이 그저 따르는 것보다 더 나을 수도 있다. 그러나 우리가 따르지 않는 계획이라도 있는 것이 훨씬 좋다.

전략적 사고와 전략을 구별하라. 전략은 우리가 결정의 근거로 삼는 행동 패턴이고 사람들을 공통의 목적을 향해 나가도록 해주는 포괄적인 접근법이다. 전략은 전진과 상승으로 이끄는 난간 손잡이와 같다. 그래서 전략에는 목적성이 내포되어 있다. 전략적 사고는 전략이나 목적과 관계없는 기술이다. 기술을 사용하는 것은 각자에게 달려있다. 단 전략적 사고를 하면서 필요한 경우 전략을 이용할 수 있는 것이다.

존재하지 않는 것은 찾지 말라. 최적의 방법을 찾지 말라. 그런 식으로는 어떤 문제도 해결할 수 없다. 학습과 인내, 고된 노력을 대신할 만능열쇠는 없다. 지금 자신이 어떤 일을 하고 있는지 이해하지 못하면, 어떤 방법도 도움이 되지 않을 것이다. 반대로 지금 하는 일을 이해한다면 자신에게 맞는 방법을 자유롭게 선택할 수 있다.

몇 가지 마무리 조언

마지막으로 앞선 논의를 더 강조하고 분명히 해주는 네 가지의 조언이 있다.

조언 1. 잘못된 이분법을 주의하라.

이분법이라는 단어는 양면성을 의미하는데 어떤 사안에 대하여 순전히 논리적 기준에 의해 두 개의 영역으로 분리하는 것이다. 한 영역에 속한 것은 다른 영역에는 속할 수 없고, '기타'라고 분류할 만한 제3의 영역도 없다. 이분법은 논리적으로는 있을 수 있지만, 우리의 일상사에서 딱 이분법으로만 생각해 볼 수 있는 일은 거의 없다. 행복/불행 또는 여성/남성과 같은 이분법적 논리는 잘못된 것이다. 더 많은 분류 항목이 존재하고 동시에 두 가지 영역에 모두 속할 수도 있다.

하지만 우리 인간은 이분법적 사고를 선호한다. 분명하고 간단하기 때문이다. 우리는 사물을 두 가지 범주로 나눈다. 검정 아니면 흰색, 따뜻함 아니면 추위, 젊음 아니면 늙음과 같이 말이다. 세상을 단순화하는 것은 안타깝게도 우리가 길을 잃게 만들고 뉘앙스를 알아채고 이해하는 것을 어렵게 만든다.

예컨대 한스 로슬링이 그토록 비판했던 이분법을 사용해 보자. 세계가 선진국과 개발도상국으로 나눌수 있다는 관점을 생각해 보자. 로슬링은 이분법 대신에 현실과 더 맞는 네 가지 분류 방식을 제시했다. 이런 일은 뇌에 상당한 부담을 준다. 각각의 차이를 파악해야 하기 때문이다. 이분법은 한 가지 영역만 파악하면 되기 때문에 훨씬 편하다.

그렇게 오류가 분명한 이분법이 여전히 살아남는 데에는 이유가 있다. 그 결과로 우리가 세상이 변하고 있다는 것을 깨닫기 어렵게 만든다. 방글라데시와 한국을 예로 들어보자. 1960년대에 방글라데시의 평균 수명은 46세이고 한국은 53세였다. 2016년에는 각각 71세와 81세였다. 스웨덴의 평균 수명은 같은 기간에 73세에서 82세로 늘어났다. 세계의 다른 여러 곳에서는 스웨덴이 50년 동안에 이루어낸 변화보다 훨씬 더 급속한 변화가 일어나고 있다. 세계는 더는 두 개의 영역으로 나누어져 있지 않다.

복합적인 세계에는 일반적으로 이분법이 없다. 그러나 그런 사고의 틀에 갇히기 쉽다. 신뢰할만한 예측이라는 것이 가능할까? 예측들은 복잡한 과정을 다룰 때만 가능할까? 예측이 복합적응시스템에서는 전혀 가능하지 않을까? 그렇지는 않다. 복합적응시스템에서 예측하는 것이 가능한지를 묻는 것 자체가 "예"아니면 "아니오"라는 이분법적인 대답을 예상하고 하는 것이다. 이미 잘못된 질문이다.

복합적인 조직은 관리가 분산되어야 하지만 복잡한 조직은 중앙통제식으로 관리해야 한다. 정말 그럴까? 아니다. 그렇지 않다. 최적의 탈 중앙화가 어떤 상태인지에 대한 답도 존재하지 않는다. 그건 잘못된 질문이다.

사람들은 합리적이거나 비합리적일까? '합리적으로' 분류되는 모델로부터 이탈한 행동은 항상 비합리적일까? 아니면 우리가 그것과 다른 관점을 갖는다면 항상 합리적일 수 있을까? 아니다. 질문 자체가 잘못된 것이다.

이 사례들은 이것 아니면 저것이라는 사고방식의 결과로 세상에 대해 잘못된 의문을 품게 된다는 것을 보여준다. 잘못된 의문을 품고서 완벽한 답을 발견했다고 생각하는 사람은 올바른 질문에 대해 불완전한 답을 찾은 사람보다 세상에 대해 이해가 부족한 것이다.

선진국과 개발도상국과 관련한 예시에 대해 "그러면 대신에 무엇이라고 불러야 합니까?"라는 질문을 해서는 안 된다. 이 질문도 핵심을 놓친 것이다. "세계 여러 나라를 몇 개의 그룹으로 구분해야 합니까?" 이 질문도 역시 틀렸다. 우리는 어딘가에 명확한 경계를 두어 최적의 구분을 할 수 있다고 믿는다. 오늘날 현실을 고려하면 4개의 그룹으로 구분하는 것이 2개로 구분하는 것보다는 훨씬 낫지만, 더 흥미로운 것은 왜 분류 기준이 2개에서 4개로 변했고, 앞으로 어떻게 계속 변해갈 것인가 하는 것이다. 사실 복합적인 시스템은 계속 움직이고 변화하기 때문에 분류 역시 정적일 수 없다. 사람들이 세계를 이분법적 사고로 설명할 수 있다고 생각하기 때문에 우리는 각각의 범주와 그들 사이의 경계를 정하여, 생각하고, 각각에 대해 정의와 경계를 정하려고 하는 것이다.

조언 2. 직관을 믿어라. 그러나 항상 믿지는 말라.

직관은 좋은 것이다. 우리가 어떤 것을 '그냥 알거나' 어떤 것에 대하여 마음에 무슨 생각이 바로 떠오를 때 그것을 직관이라고 부른다. 종종 직관은 우리가 생각의 방향을 잡는 데 도움이 된다. 직관은 코끼리가 우리에게 말을 거는 방법이다. 경청하는 것이 좋다. 직관은 우리가 가진 기존의 지식이나 경험을 바탕으로 나오기는 하지만 말로 표현하기는 어려운 생각이다.

작가 말콤 글래드웰Malcolm Gladwell은 그의 책『블링크Blink』에서 직관이 어떻게 작동하는지 설명하기 위해 미술품 감정가를 예로 들었다. 단 몇 초 만에 예술품의 진위를 가려내는 미술품 감정가들이 있다. 그들은 어떤 분석 기술도 사용하지 않은 채 한눈에 진위를 밝혀 내지만, 즉시 그 이유를 설명하지는 못한다. 그런데도 대개 이들의 판단은 옳은 것으로 밝혀진다. 물론 미술품 감정가들은 그들의 전문 영역에서는 풍부한 지식을 가진 사람들이다. 그들의 뇌는 총체적인 판단을 위해 그 지식과 경험을 사용한다. 그리고 뇌는 느낌으로 표현되는 결론을 도출한다. 우리는 이를 직관이라고 부르지만, 사실은 어떤 마술이 아니라 인상, 사실, 지식과 경험 등을 처리하는 하나의 과정이다.

그러나 미술 전문가도 아닌 내가 직관을 사용해 예술 작품의 진위를 평가하려 한다면, 그것은 동전을 던지고 앞뒤를 맞추는 게임과 다를 바가 없다. 우리가 지식이나 경험 없이 그 정도의 이해 수준에 도달할 방법은 없다.

직관은 자칫 우리가 실제보다 더 많은 것을 이해한다고 착각하게 만들 위험이 있다. 코끼리는 어떤 것이 특정한 방식으로 이루어져야 한다는 단순한 신념에 따라 자신의 생각을 잘못된 줄 모르고 확신하게 된다. 확실한 지식이나 경험이 없이, 단지 일차원적 사고에 의지하여 자기 생각이 옳고 합리적이라고 착각한다. 예를 들면 몸집이 다른 동물의 두 배인 동물은 음식도 두 배 더 필요하다는 따위의 논리이다. 이러한 사고는 위험하다. 같은 약을 애완견에게 주고, 푸른 고래에게도 준다고 생각해 보자. 체중에 비례하여 투약해야 할 약의 양을 정한다면, 고래는 엄청난 약물 과다 복용의 후유증에 시달리게 될 것이다.

특정 유형의 범죄에 대해 더욱 가혹한 처벌 규정을 도입하면 범죄를 저지르는 사람이 줄어들 것이라고 믿기 쉽다. 물론 그럴 수도 있다. 그러나 정반대의 결과를 가져올 수도 있다. 우리는 직관적이고 일차원적으로 생각하려는 경향이 있다. 그러나 세상에서 일어나는 많은 현상 가운데는 직관적으로 판단하는 것이 적절한 경우도 있고, 그렇지 않은 경우도 있다.

우리는 언제 우리의 직관을 신뢰할 수 있고, 언제 그렇지 않은지 배워야 한다. 때로는 직관에 반하는 해결책이나 대답을 의식적으로 찾으려고 노력해야 할 수도 있다. 특히 복합적응시스템을 다룰 때는 너무 일차원적으로 생각에 의지하지 말아야 한다.

조언 3. 다음 단계는 무엇일까?

체스^{Chess}, 브리지^{Bridge}, 바둑과 같이 전략을 겨루는 게임에서는 몇 단계를 앞서 생각하는 것이 중요하다. 많이 생각할수록 더 좋다. 현실에서도 마찬가지이다. 경우의 수가 더 다양하고, 분명한 규칙이 없는 경우도 있어서 훨씬 더 어렵긴 하지만 말이다.

환경과 상관없이 스스로에게 이런 질문을 던지는 것은 언제나 현명한 일이다. "다음 단계는 무엇일까?" 우리는 어떤 경우에는 장래에 일어날 일을 정확히 예측해 내지만, 늘 그렇지는 않다. 중요한 것은 선견지명을 갖고 대비하는 것이다. 미리 많은 생각을 하면 앞으로 일어날 수 있는 일에 보다 잘 대비할 수 있다.

조직 내 직원이나 소비자의 의견을 알아보려고 설문 조사를 수행할 수 있다. 보통은 설문조사에서 이미 우리가 생각하고 있는 내용들이 옳다는 사실이 확인될 것이라고 생각한다. 그러나 그렇게 되지 않을 경우를 생각해보라. 조사한 내용이 우리가 예상했던 것과 완전히 반대의 결과일 경우를 상상해보았는가? 조사 결과가 정말로 만족스럽고 새롭고 가치 있는 지식을 제공할 수도 있다. 그러나 반대로 맥락에 따라서는 좋거나 나쁠 수도 있는 어떤 조치들과 변화를 요구하는 것일 수도 있다. 조사 결과가 어떠하더라도 기꺼이 받아들일 준비가 되어 있는가? 그런 경우라면 조사를 실행해도 좋다. 그렇지 않다면 설문 조사를 하지 말아야 한다. 지금 그런 대답을 듣고 싶지 않다면 말이다. 어떤 것을 언제 해야 할지에 대한 고민, 즉 시기의 문제는 중요하다. 항상 "그 다음은?"을 염두에 두라.

예를 들어 우리가 조직개편 작업을 하고 있거나 거기에 참여하는 경우에도 같은 원리가 적용된다. 조직개편은 예상했거나 예상하지 못한 결과로 이어진다. 우리가 취해야 할 다음 단계는 무엇인가? 앞장서서 변화를 만들어라. 그러나 어떤 변화도 그것이 마지막이 아니라는 점을 기억해라. 항상 그 다음 이 더 있을 것이다.

조언 4. 거의 항상 상황에 좌우된다는 것을 명심하라.

유명한 예측가들이 무명의 예측가들보다 결코 낮지 않다. 그들의 예측력에 비해 과도하게 포장되어 있기 때문이 아니다. 덜 정확한 예측을 하는 사람들이 더 쉽게 유명해지기 때문이다.

확신과 자신감이 많은 사람은 이렇게 말한다. "이렇게 될 것입니다. 분명합니다. 전문가인 저를 믿으세요." 미디어에서 이런 사람들을 더욱 많이 보게 된다. 방송프로듀서들도 사람들이 찬성하거나 반대할 수 있게 한 줄로 표현되는 명확한 메시지들을 선호한다.

이런 상황을 정확한 예측가와 비교해보자. 그는 항상 이렇게 말한다. "한편으로는 이렇고 다른 한편으로는 이렇습니다. 상황에 따라 다릅니다. 아무도 모르고 내일은 바뀔 수도 있습니다." 이렇게 말하는 사람은 미디어가 좋아할 만한 유형은 아니다.

여우와 고슴도치에 관한 이사야 벌린의 에세이로 돌아가 보자. TV에 등장한다면 고슴도치가 더 잘하는 것처럼 보인다. 고슴도치는 세상이 돌아가는 방식에 대해 한 개의 크고 분명한 원칙을 기준으로 판단하고, 예측도 명쾌하다. 그러나 여우는 세계가 어떻게 돌아가는지에 관해 수많은 다양한 아이디어를 가지고 있다.

벌린은 고슴도치의 경우 크고 거대한 하나의 아이디어가 구심력으로 작용한다고 말하면서 차이점들을 설명한다. 그 힘이 모든 것을 중심으로, 중심 아이디어를 향해 끌어당긴다. 여우는 대신 원심력을 사용한다. 이해하기 위해 바깥세상으로 밀어내는 힘이다. 그리고 여우는 아무 것도 확신할 수 없기 때문에 자기 생각을 계속 수정해간다. 여우는 "상황에 따라 다르다"고 말한다. 여우는 아무것도 확신할 수 없다는 것을 알고 있기 때문이다. "의심하지 않는 자는 현명한 사람이 아니다." 스웨덴 작가이자 코미디언인 타게 다니엘슨^{Tage Danielsson}은 이렇게 말했다. 정말 맞는 말이다. 의심이 없다면, 세상은 단순하다. 그러나 세상은 결코 단순하지 않기 때문에, 우리는 항상 의심해야 한다.

이것을 잘 설명해주는 새옹지마^{塞翁之馬} 이야기로 글을 마친다.

한 작은 소년이 말을 갖게 되었다. 모두가 이렇게 말했다. "오, 정말 좋겠다!" 노인은 "일단 지켜봅시다."라고 말했다. 얼마 후, 소년은 말에서 떨어져서 다리가 부러졌다. 그 마을 사람 모두가 이렇게 말했다. "오, 너무 안됐구나." 그러나 노인은 또 다시 "일단 지켜봅시다."라고 말했다. 나중에 전쟁이 났고 그 마을에 신체가 건강한 청년은 모두 징집되었다. 그 때 마을 사람들은 그 소년과 부모가 운이 좋다고 생각했다. 전쟁에 나가지 않고 마을에 남아 있을 수 있었기 때문이다. 그러나 노인은 다시 이렇게 말했다. "일단 지켜봅시다."